大眾心理館

唯識心理學 2

鄭石岩作品集

國家圖書館預行編目資料

尋找著力點：生活之妙，功在奏效／鄭石岩著.
-- 四版. -- 臺北市：遠流, 2010. 05
面；　公分. --（大眾心理館）（鄭石岩作品集. 唯識心理學；2）

ISBN 978-957-32-6633-4（平裝）

1. 修身 2. 生活指導

192.1　　99005832

大眾心理館

鄭石岩作品集 唯識心理學 2

尋找著力點

生活之妙，功在奏效

作者：鄭石岩
執行主編：林淑慎
發行人：王榮文
出版發行：遠流出版事業股份有限公司
100 臺北市南昌路二段 81 號 6 樓
郵撥：0189456-1
電話：2392-6899　傳真：2392-6658
法律顧問：董安丹律師
著作權顧問：蕭雄淋律師
2010 年 5 月 1 日　四版一刷
行政院新聞局局版臺業字第 1295 號
售價新台幣 240 元（缺頁或破損的書，請寄回更換）

ISBN 978-957-32-6633-4
YLib.com 遠流博識網
http://www.ylib.com
E-mail: ylib@ylib.com

尋找著力點

生活之妙，功在奏效

鄭石岩／著

總序

我的創作歷程

鄭石岩

寫作是我生涯中的一個枝椏，隨緣長出的根芽，卻開出許多花朵，結成一串纍纍的果子。

我寫作的著眼點，是想透過理論與實務的結合，闡釋現代人生活適應之道，提倡正確的教育觀念和方法，幫助每個人心智成長。透過東西文化的融合，尋找美好人生的線索。我細心的觀察、體驗和研究，繼而流露於筆端，寫出這些作品。書中有隨緣觀察的心得，有實務經驗的發現，有理論的引用，也有對現實生活的回應。在忙碌的工作和生活中，我採取細水長流，每天做一點，積少成多。

從第一本作品出版到現在，已經寫了四十幾本書。這些書都與禪佛學、教育、親職、心靈、諮商與輔導有關。寫作題材從艱深的禪學、唯識及心靈課題，到日常生活的調適和心智成長，都保持深入淺出、人人能懂的風格。艱澀冗長的理論不易被理解，特化作活潑實用的知識，使讀者在閱讀時，容易共鳴、領會、受用。因此，這些書都有不錯的評價和讀者的喜愛。

每當演講或學術討論會後，或在機場、車站等公共場所時，總是有讀者朋友向我招呼，表達受惠於這些著作。他們告訴我「你的書陪伴我度過人生最困難的歲月」，或說「我是讀你的書長大茁壯的」。身為一個作者，最大的感動和安慰，就在這些真誠的回應上：歡喜看到這些書在國內外及中國大陸，對現代人心靈生活的提升，發揮了影響力。

多年來持續寫作的心願，是為研究、發現及傳遞現代人生活與工作適應的知識和智慧。所以當遠流規劃在【大眾心理館】裡開闢【鄭石岩作品集】，期望能更有效服務讀者的需要，並囑我寫序時，心中真有無比的喜悅。

我在三十九歲之前，從來沒有想過要筆耕寫作。除了學術論文發表之外，沒想過要從事創作。一九八三年的一場登山意外，不慎跌落山谷，脊椎嚴重受創，下半身麻痺，面臨殘障不良於行的危機。那時病假治傷，不能上班，不多久，情緒掉到谷底，憂鬱沮喪化作滿面愁容。

秀真一直非常耐心地陪伴我，聽我傾訴憂慮和不安。有一天傍晚，她以佛門同修的立場警惕我說：「先生！你學的是心理諮商，從小就修持佛法；你懂得如何助人，也常常在各地演講。現在自己碰到難題，卻用不出來。看來你能講給別人聽，自己卻不受用。」

我聽完她的警語，心中有些慚愧，也有些省悟。我默然沉思良久。我知道必須接納現實，去面對眼前的困境。當晚九時許，我對秀真說：「我已了然於心，即使未來不良於行，也要坐在輪椅上，繼續我的教育和弘化工作，活得開心，活得有意義才行。」

她好奇的問道：「那就太好了！你準備怎麼做呢？」

我堅定的回答：「我決心寫作，就從現在開始。請你為我取下參閱的書籍，準備需要的紙筆，以及一塊家裡現成的棋盤作墊板。」

當天短短的對話，卻從無助絕望的困境，看到新的意義和希望。我期許自己，把東方的禪佛學和西方的心理學結合起來，變成生活的智慧；鼓勵自己，把學過的理論和累積的實務經驗融合在一起，成為活潑實用的生活新知，分享給廣大的讀者。

邊研究邊寫作，邊修持邊療傷，健康慢慢有了轉機，能回復上班工作。歷經兩年的煎熬，傷勢大部分康復，寫作卻成為業餘的愛好。從一九八五年出版第一本書開始，所有著作都經秀真校對，並給予許多建議和指教。有她的支持，一起分享作品的內容，而使寫作變得更有趣。

住院治療期間，老友王榮文先生，遠流出版公司的董事長，到醫院探視。我送給他一本佛學的演講稿，本意是希望他也能學佛，沒想到過了幾天，他卻到醫院告訴我：「我要出版這本書。」

我驚訝地說：「那是佛學講義，你把講義當書來出，屆時賣不出去，你會虧本的。這樣我心不安，不行的。」

他說：「那麼就請你把它寫成大家喜歡讀的書，反正我要出版。」

就這樣允諾稿約，經過修改增補，《清心與自在》於焉出版，而且很快暢銷起來。因為那是第一本融合佛學與心理學的創作，受到好評殊多。爾後的每一本書，都針對一個現實的主題，紮根在心理、佛學和教育的學術領域，活化應用於現實生活。

禪佛學自一九八五年開始，在學術界和企業界，逐漸蔚成風氣，形成管理心理學的一部分，企業界更提倡禪式管理、禪的個人修持，都與這一系列的書籍出版有關。

後來我將關注焦點轉移到教育和親職，相關作品提醒為師為親者應注意到心理健康、學生輔導、情緒教育等，對教育界也產生廣泛的影響。教師的愛被視為是一種能力，親職技巧受到更多重視，我的書符合了大家的需要，並受到肯定，例如《覺・教導的智慧》一書就獲頒行政院新聞局金鼎獎。

在實務工作中，我發現心靈成長和勵志的知識，對每一個人都非常重要。於是我著手寫了好幾本這方面的作品，許多家長把這些書帶進家庭，促進親子間的和諧，並幫助年輕人心智成長；許多大學生和初踏進社會的新鮮人，都是這些書的讀者。許多民間團體和讀書會，也推薦閱讀這些作品。

唯識學是佛學中的心理學，我發現它是華人社會中很好的諮商心理學。不過原典艱澀難懂，於是我著手整理和解釋，融會心理學的知識，變成一套唯識心理學系列。此外，禪與諮商輔導亦有密切的關係，我把它整理為禪式諮商，兼具理論基礎和實用價值，對於現代人的憂鬱、焦慮和暴力，有良好的對治效果。目前禪與唯識，在心理諮商與輔導的應用面，不只台灣和大陸在蓬勃發展，全世界華人社會也用得普遍。每年我要在國內外，作許多場次的研習和演講，正是這個趨勢的寫照。

二十年來我在寫作上的靈感和素材源源不絕，是因為關心現代人生活的適應問題和心理健康。我從事心理諮商的研究和實務工作超過三十年，個案從兒童青少年到青壯年及老年都有；類別包括心理調適、生涯、婚姻諮商等，我也參與臨終諮商及安寧病房的推動工作。對於人類心靈生活的興趣，源自個人的關心；當我晤談的個案越多，對心理和心靈的調適，領會也越深。

我的生涯歷練相當豐富。年少時家境窮困，為了謀生而打工務農，當過建築工、水果販、小批發商、大批發商。經濟能力稍好，才有機會念大學。後來我當過中學老師，在大學任教多年，擔任過簡任公務員，也負責主管全國各級學校訓輔工作多年，實務上有許多的磨練。

我很感恩母親，從小鼓勵我上進，教我去做生意營生。她在我七歲時，就帶我入佛門學佛，讓我有機會接觸佛法，接近諸山長老和高僧，打下良好的佛學根柢。我也很感恩許多長輩，給我機會參與國家科技推動工作長達十餘年，從而了解社會、經濟、文化和心理特質，是個人心靈生活的關鍵因素。如果我觀察個案的眼光稍稍開闊一些，助人的技巧稍微靈活一點，都是因為這些歷練所賜。在寫作時，每一本書的視野，也變得寬博和活潑實用。

現在我已過耳順之年，但還是對於二十餘年前受重傷所發的心願，珍惜和努力不已。希望在有生之年，還有更多精神力從事這方面的研究和寫作。寫作、助人及以書度人，是我生命意義中很重要的一部分，我會法喜充滿地繼續下去。

《尋找著力點》

目錄

總序／我的創作歷程……4
導讀／正向的生活智慧：
唯識心理學的意義……14
自序／使力正確便能成功……20

壹 擁抱希望的勇氣……25
1 做正確的抉擇……32
2 勇於做改變……38
3 不做不可能實現的夢……44
4 明白自己究竟要什麼……50
5 開創自己的生涯……55
6 活在希望之中……61

貳 保持正確的信念……67
1 生活的基本信念……74
2 怎麼解釋就怎麼活……81
3 心態即是生活的品質……88

4 對現實生活的覺察 94
5 工作與生活的平衡 101
6 信念左右命運 108

叁 新觀念與活知識 115

1 注意腦袋裡裝什麼 122
2 把握活用的觀念 130
3 獲取三種實用的知識 138
4 要懂得人情世故 146
5 學習要有伴才好 154
6 提防錯誤的知見 161

肆 穩得住就做得好 169

1 堅毅令你挺得住 176

2 在運動中培養堅毅 184
3 保持你的肯定性 192
4 認清生活的不確定性 199
5 人生不能怯場 206
6 冷靜面對危機 214
伍 做創意的思考 223
1 善用創造力 230
2 藏在現實中的創意 238
3 發掘生命的活力 244
4 實現希望的智慧 251
5 活下去的真諦 257

導讀

正向的生活智慧：唯識心理學的意義

唯識家指出：「萬法唯識」。識正確了，思考就清醒，生活就幸福。識被扭曲了，或者產生情染和執著時，心識活動打結，造成情緒障礙，思考決策錯誤，從而帶來痛苦，更嚴重的是生命意義的迷失。於是，唯識家採取相當嚴謹的態度，分析識的結構，了解其變化，提出「轉識成智」：把識的活動轉變成正向的生活智慧，以拓展積極的人生，共同開創社會的安寧和幸福。這樣的旨趣稱為「大乘」，唯識學是大乘思想中很重要的一部分。

《唯識論》幾乎就是心理學。它是正向的生活智慧，目的在引導一個人以積極正向的態度，去克服種種生活的困難，並以達觀的態度，去看種種的挫敗，重新看到光明的希望和對人生的領悟。

我把這套唯識論的精義，與現代心理學結合，用現代心理學的語言、思路和觀念，來活化它的意涵。期待它成為現代人心靈生活的資糧，成為歷久常新的人生明燈。除了可供一般人生活和心理調適的借鏡，也是覺悟修行上重要的用功方法。這套契合現代人思維和文化的結構性素材，我稱它叫「唯識心理學」。

唯識心理學的宗旨和重心，在發展個人正向的性格、態度、情緒和優點，並引導一個人作正向的人生覺悟（正等正覺），找出有限生命的無盡希望。

作為一個心理學的研究者，很容易就發現，心靈世界中的「識」，透過個人生活經驗，影響人的行為和心情，左右其生涯和幸福感。因此，務須在現實生活中，培育正向的態度、情緒、品格等。此外，個人心靈生活，還包括龐大的文化和集體意識，而且大部分是潛意識的範疇。我深信文化、宗教和民俗之中，所蘊藏的內容，包括儀式、風俗、節慶以及對生命的傳述，有著深遠的影響。如果這些素材沒有經過「轉識成智」的過程，變成現代生活場景中正向的態度、正向的情緒和自我效能，人就可能迷失，產生負面的干擾。唯識心理學在這個層次上，扮演著正向的角色。

人生是否過得幸福、有意義、覺得法喜充滿，決定於你是否具備正向情緒、正向性格和正向的德行或品格。打造這些正向心理特質的關鍵，就是轉識成智，就是從唯識心理學出發。

生命是一個不斷調適、成長和圓融的過程。因此，生命是艱辛的，也是絢爛的。它既要面對許多困窘和挑戰，也能在調適轉變的同時，看到柳綠花明的新天地。生命須用愛來沃壯，才能發展雄渾的活力，又要以智慧開啟創意和新猷，這樣才有希望和前景，才能顯現意義和價值。

唯識心理學就是用「悲智雙運」，並透過轉識成智來創造生活和豐富生命，並覺悟到究竟第一義諦。

多年來我從事心理輔導和諮商的研究，結合西方的心理學和東方的心學，用來協助人們發展潛能，並協助適應困難的人找回幸福。現在，我把多年累積的知識和經驗，融合唯識論和心理學的學理，建構唯識心理學，它的主要意涵包括：

- 對生命奠定正向的觀念和領悟的基礎。
- 陳述應變的智慧和生活調適的方法。
- 提出生涯發展和心理健康的綱領。
- 揭示精神成長的方向、方法和究竟義。
- 提供唯識心理輔導和諮商的學理。
- 釐清學佛的正確觀念和行持要領。

我們正面對二十一世紀的衝擊，不只是金融風暴或環境劇變在影響生活，此後社會變遷將更快速，經濟生活和生產方式變化更迭更是驚人。可以預見，生活緊張、競爭激烈，加上失業的壓力，導致許多人產生無力感和無助，以致憂鬱、沮喪和焦慮的人口增加。

資訊時代的虛擬文化，也造成眼高手低、挫折容忍力不足的世代，容易挫敗灰心，甚至鋌而走險，為非作歹，這將會是社會不安和紊亂之源。唯識心理學提出正向的行動建議，幫助每個人找回正面的生活態度，奠定幸福人生的基石。

科技越發達，生活水準提高，對於安身立命和生命意義的追尋，理應受到更多的重視，所以生命教育已然成為各國關切的問題。唯識心理學對此亦作了正向的討論，並關心生命終極意義的實現。

此外，佛教的信仰和修持，必須配合現代生活的需要，當信仰和生活相融，不致造成疏離或衝突，才能做到解與行相應。唯識心理學提供了科學和清晰的解釋，讓修持者有清楚的實踐方法。

到目前為止，唯識心理學已完成六種作品，都以唯識論中「心所法」為藍本，結合心理學理論和實務經驗，所建構出來。它們包括：

● 《換個想法更好》的主軸建立在「遍行」心所上，著重生活和工作的調適，增進自我效能，以實現豐足喜悅的人生。

● 《尋找著力點》的基礎是「別境」心所，具體討論生涯發展和開展成功人生的要領，並探索生命的意義與價值。

● 《勝任自己》以「善法」心所為藍本，陳述正面性格，從發展健康的自尊、面對真實、學習自律三方面去發展勝任自己的特質。

● 《精神體操》是從「六度」發展出來的正向德行，透過正向的品格和培養心靈的長處，克服心理困境，開展全新的精神力，以實現光明的人生。

● 《過好每一天》是從「煩惱」心所轉化來的正面情緒指標，透過情緒智慧的養成，發展法喜，增進身心健康，實現亮麗的人生。

● 《生命轉彎處》是透過唯識論中轉識成智的精神，把生命的歷程串聯起來，去作調適和實現，並觸及終極關懷的主題，著眼於人生的全面思考。

二十一世紀甫一開始，美國心理學家馬汀．塞利格曼（Martin E. P. Seligman）就提出「正向心理學」的觀念。他指出：「現代人迫切需要美德、生命的目的，正直及生命的意義。」長處與美德幫助我們抵擋心理疾病，解除痛苦，並帶領我們達到永久性的高峰：生命的意義和目的。

我從事唯識學的研究和心理諮商實務應用已近三十年，總覺得唯識學中的許多寶貴觀念，都甚為正向，對人生有益，所以針對其實用性加以整理。希望這套書能給廣大讀者，帶來美好的生活智慧。

自序

使力正確便能成功

每一個生命都是獨特的存在，都應該有其絢爛的綻放，和經歷成長之後，獲得圓熟的精神表現。

生命的過程是艱辛的，是崎嶇顛仆的，都要回答各自的遭遇和挑戰。所以，生命的現象，如果套用唯識論的說法，是一個別境，而非遍行。

人為了活得有目的、有意義，不僅是把肚皮餵飽、能滿足聲色之娛就可以。而是在基本生活之外，必須去實現其個別的人生價值。這一點如果得不到滿足，將導致精神生活的失衡，和人生的挫敗。

人活著就是要追求成功與實現。至於在哪裡成功，怎麼得到實現，那是個別所要追尋的課題。於是，如何找到著力點，讓自己獲得成功，得到生命的實現，正是每個人努力的目標。

談到成功人生的著力點，我的腦海就浮現祖父的慈祥面龐和一雙粗壯的手。在我童年的時代，經常跟著大人上山工作，粗重的活幹不來，拔草鋤地好像是鄉下孩子的本能，不用教就做得中規中矩。有一次，我看老祖父鑿石，要把一塊巨石，鑿成石塊和石板，當屋簷下的石階和踏腳石。我放下手邊的工作，入神地看著他粗壯的雙手，很技巧地敲出成品。

他在大石塊上，順著紋路，循一直線先鑿三到五個小孔，然後找對著力點，猛一敲，石頭就整整齊齊的裂開。同樣的動作，幾次就鑿好一塊方形石塊或長條石板。當時，我讚歎祖父真是神乎其技，不禁問道：

「阿公！你怎麼有辦法把它切得整整齊齊呢？」

「方法對，著力點對，就可以把石頭敲擊成磚！」

於是，祖父邊解釋，邊示範，每一次都準確地照預定的方向裂開，不一會兒又造出另一個方形石塊來。他頓了頓，把手上的大鎯頭和鑿子放下來，用他粗壯的手，邊比劃邊說：

「什麼事都一樣，尋到著力點，就能順利完成。你該明白無論做人做事，或讀書寫字，都一樣要找對著力點！」

後來祖父又說了些什麼，我已經記不清楚。我只記得那一幕像哲人一樣的講話，像畫一般的工作神情和雙手。留給我的一句話是「尋找著力點」。

多年來我從事諮商和輔導工作，對於活生生個案的觀察和研究，有了一些心得，我發現精神生活所表現的，正是現實生活的挑戰。如果一再的挫敗，銳氣就會退失，信心和創意就受到扭曲和抑制；就像鑿取石材一般，若著力點不對，會碎成許多小塊或扭曲而不成材一樣。

長期以來，我不斷向大藏經中尋找古人精神生活的智慧，發現《唯識論》中別境的理論，正是追求成功人生的指引。它能幫助我們找出著力點。我發現欲、勝解、念、定、慧這五個因素，就好像祖父鑿石的那幾個孔。人必須從這五個孔下功夫，然後找到使力的重心，就能一氣呵成，石破天開，看到生命的絢爛。

欲是希望或願景，人如果不運用這個心理動力，就無法振作起來，因為哀莫大於心死。人如果沒有透過它來發展精神生活的希望，就無法超越現象界的領域，開展更高層的意義與價值。

其次是勝解，它是一個人的信念，是解釋生活遭遇的價值系統。如果人的基本信念有了偏差，他的人生就陷入錯誤的歧途；信念正確，則能振衰起弊，讓一個人走出光明的人生路來。

其三是念，它是正確的知識和觀念，要能通過生活現實的檢驗，是能解決問題的知識和技能。它是生活與工作的工具，是生存的憑藉，也是成功與幸福的匙鑰。

其四是定，它是安定沉穩的心。透過它，理性才得到伸展，意志才變得堅定，感情才會自然流露，生活的創意和生命的智慧，才可能綻放出來。定決定了人的情緒。當一個人的情緒陷於紊亂時，他的生活品質也就得不到保障。

其五是智慧，它引導個人清醒地思考，去過創造性的生活。我們生活在無常的變化情境之中，既有的知識和技能，往往不足以應付新的挑戰和需要，所以如何運用彈性思考和創意，是生命世界中重要的一環。

我認為這五個因素，是成功人生的著力點。透過西方心理學的闡釋，觀察現實生活中的事例，結合實際諮商工作的經驗，我已盡力把成功人生的知識，做了活用與表達，希望它能帶給大家更多成功的喜悅。

最後，我要說明一點，這本書只就「唯識論」中的別境，做應用於生活的闡釋，至於出世間法所指精神生活的超越部分，將在他書另做討論。

壹

擁抱希望的勇氣

只要有生命存在，就會有欲的需求，欲是生命的本質。

人活在不斷的抉擇和改變之中，做得適當，就活得幸福；調適得好，人生與事業就容易成功。抉擇與改變的動力就是唯識心理學所謂的欲，它是一個人的希望或願景。每一件事，每一個行為，乃至個人的生活史，是希望或願景的表現。所以唯識家把欲列為影響個體行為（別境）之首。

欲是精神生活的動能（dynamic energy），生活的現實受它牽引，我們所創造出來的藝術、文化、愛與價值，也都由欲所衍生。

就個人而言，欲的活動和表現的歷程，正是他的人生寫照。善於運用它，就生活得充實喜悅；扭曲或縱容它，就造成生命的困境和痛苦。正確的開展欲的動能，使人生有活力，生活與工作得到振奮。所以《唯識論》中說：

云何為欲？
於所樂境，
希望為性，
勤依為業。

人之所以活得有希望、有意義和有價值，是由於欲的運作。正因如此，我們透過完成正當的目標和崇高的價值，而得到喜悅和滿足感。

不過，人類的一切罪業和苦難，也因欲而形成。暴力、凌虐、剝奪、敵意和仇視，都因欲的受挫而形成。因此，如何調整自己的欲，建立正確的生活目標和生命價值觀，成為精神生活的主軸。

欲望是人的需要。從最基本的圖存需要，到追求友誼、地位、權力，進而發展愛與自由，乃至生命意義的領悟和實現，都是人性的需求，都構成精神生活的動力。早期佛洛伊德（Sigmund Freud）把它稱做慾力（libido），說它是一種追求快感的動力，心理學家稱它為泛性論（pansexualism）。後來，阿德勒（Alfred Adler）認為動能的主要內容是力爭上游；榮格（Carl G. Jung）則認為它是一種一般生命力；蘇利文（Harry Stack Sullivan）認為動能是兩個因素作用所構成，其一是安全與滿足的需要，另一是對自己有影響力的人之影響；至於羅洛・梅（Rollo May）則認為它是原始生命力。一直到最近的人本心理學家，才把它做廣泛的解釋，認為它是人的需求，從基本的生理需要，到高級的愛與自我實現，都是精神生活的動能。

我認為無論欲的內涵是什麼，最重要的是它怎麼表現出來，怎麼影響人的行為。依我看來，以上每一種動能都影響人的行為，都一樣重要，問題是如何有效運用它，提升人的生活，促進生命的成功與實現。

生命的動能是現成的，關鍵是如何表現；因為我們不可能樣樣滿足，也不可能事事順遂。所以既需懂得抉擇，也要學習容忍。從抉擇和獲得成功之中，我們得以存活，得到喜悅。當然，我們也無法避免失敗，必須容忍缺憾和挫折。

於是，生命一直需要一個光明的靈焰，幫助人看清楚我要什麼，能要什麼，應該怎麼做才正確。我稱這些生命的活動叫希望。人永遠要抱著這個希望，才能活得清醒，活得成功。所以這一篇的重點是：懷抱著希望才活得起勁。

首先，人要懂得做正確的抉擇。人的欲望無窮，不可能處處順心，樣樣得到滿足。你必須在紛繁的欲望中做抉擇，建立合理的抱負水準，選擇適當的目標，努力以赴，才會成功。抉擇時，很容易受到情緒與潛意識的干擾，要提防它可能造成的負面影響，才能培養行動力和銳氣。因此，在〈做正確的抉擇〉一文中，討論其基本要領。

抉擇之後就是要行動。對個人而言，這是一項改變；必須改變現在的行為，調整眼前的情境，才能完成新的目標。學習一項新的能力是改變，修正過去的不當習慣也是一種改變。肯改變自己的現況，才能突破局限，走出新的格局。於是，勇於做改變，是成功人生的必經之路。人很容易抗拒改變，阻抗學習新的能力，這是失敗的關鍵。因此，在〈勇於做改變〉這一章，是避免自己綁手綁腳的要領。

人人都需要有夢想。做了抉擇就必須朝思暮想，努力以赴，才會成功。但是有些人做的是不可能實現的夢；因為他脫離了現實，懷抱的目標是空泛的，是不能透過自己的努力和現實條件去完成的。訂定目標要遠大，但階段目標必須步步可行。遠大的目標雖非一蹴可幾，但卻可以逐步完成，迂迴實現。因此，怎麼去做一個可以實現的夢想，又是一個值得深入探討的問題。

若想生活得踏實，在工作上能正確著力，必須清楚地知道自己究竟要什麼。在我的諮商過程中，經常不厭其煩地問當事人：「你究竟要的是什麼？」「你這樣做能達到想要的目標嗎？」人若能澄清自己真正要的是什麼，就會產生堅毅和信心。在佛經中所謂五種精神力——信心的力量、精進的積極力量、正確的想法和知識的力量、安定和堅毅的力量、創意和調適的力量——都因為有了正確的目標而被喚起，成為生活的動力。明白自己究竟要什麼，是每一個人該弄清楚的重要課題。

人生必須有生涯計畫。缺乏生涯計畫的人，往往因空虛而渙散，甚至容易迷失，而誤入歧途。要開創生涯，必須依自己的能力、興趣、環境等條件，從手上所擁有的資源開始，透過工作、經驗、學習和創造，慢慢累積形成更多的資源，從而獲得成功。你的生涯只屬於自己，不可能抄襲，也不可能摹仿。你想擁有踏實美好的生涯，就得對它有所認識，〈開創自己的生涯〉一文則在幫助你尋找答案。

人永遠要活在希望之中。抱著希望的人，心裡總是溫暖的，他的信心源源不絕；不抱希望的人，就會得過且過，無論在家庭生活、教育子女和事業各方面，都會顯出混日子、空虛和倦怠的精神狀況。這樣的人，很容易尋找麻醉，透過賭博、色情和虛擲光陰，過著無奈的日子。

本篇的主題是「欲」，是人類追求希望的動力，也是塗繪美好人生願景的彩料。相信這些唯識心理學的知識，能為你未來的幸福生活，指出一條光明路。

1 做正確的抉擇

在環境變化時，要做抉擇；在實現個人期望時，要做抉擇；在面對危機時，更需要做抉擇。所以抉擇是適應環境的關鍵，必須切合實際利益，真實可行。

人透過抉擇來實現願望。

你想做什麼，就得把它推到抉擇的檯面，做出正確的思考和行動；否則，想法是空的，是幻而非實。就一般而言，人急著想做什麼時，就會引發一種激情，它會干擾作法。這時，如果沒有一套有效的思維過程，就會造成草率的抉擇。

曾經有一對夫妻來晤談，他們開了一家公司，生意雖好，但長期經營下來卻虧本。擔任財務管理的太太抱怨說：

「我們賣的是機械零件和工作機器，客戶大多是老主顧，都成了好朋友。我先生很豪爽，在別人好言誇獎、讚美之下，很容易受情面感動，就照著進貨價格賣出去，連運費、裝配的工資都免了。偶一為之，並無大礙，經常如此，則造成經營虧損。貨是我進的，財務是我調度的，心理壓力很大，經常在售貨之後兩人嚴重爭吵。」先生聽得一愣一愣，有些不安。我轉過頭來問他：

「你覺得確有這些難題嗎？」他點點頭，表示太太說的是實話。我又問：

「你認為這樣經營事業，對你們有利嗎？當時你是怎麼做決定的？」

「當然不利。我把貨便宜地賣出去時，客人喜形於色，給我的面子和友誼，令我得到滿足。我知道我太海派，但太太越跟我爭吵，我越是控制不住。」

很明顯的，這位先生在激情之下，自己對友誼、自尊的需求，和經營事業的利益總是衝突。相對地，夫妻為買賣產生的口角和嚴重衝突，更造成先生需要顧客的友誼，而自動減價出售商品。

這種為爭取友誼而忽略事業和家庭的現象，固然不多。但為了異性的感情，想從那兒得到某些心理補償，而有了婚外情，甚至把家庭弄得一團糟的現象，可就屢見不鮮了。

做抉擇時必須注意：要達成目標，可能有幾個不同的策略，應先就它的效益、影響、付出的代價、實施的困難度和所需資源，做分析比較，再行決定。當你做完抉擇，要對它的弊端和優點清楚掌握，尋求必要的資源和技術協助，以求實現。必要時要有備胎策略，以防不時之需。

做抉擇時的心態，影響執行的堅毅度。因此，做抉擇時，除了上述基本要領之外，要特別注意：把重心放在追求積極的開拓性，而非消極的防衛性。抉擇在心態上若傾向於積極面，對於激發士氣較為有利；倘若把心思放在防衛上，那麼消極的念頭，會削弱行動的活力，造成執行效果的低落。

如果你常對自己說：

「我已決定這麼做，我深信這是最好的選擇，值得全力以赴。」

「這樣的行動，必能達成預定目標，我能鼓勵伙伴的熱情，共同奮鬥！」

「我相信這是一個聰明的抉擇。」

這些自我對話，有利於掌控計畫，培養信心和氣勢，令你朝向目標做有效行動。

反之，如果常對自己說：

「必須小心防範錯誤才行！」

「要避免意外因素的干擾。」

「我得有個萬全的防弊措施。」

這些自我對話，往往造成消極的防衛和不安，它會增加你對抉擇的不信任程度，不利於計畫目標的實現。

我必須澄清的是，並非不做防弊，而是防弊性的自我對話太多，會阻礙決定的推動，減低你接受挑戰的堅毅性。《論語》所謂：「士不可不弘毅，任重而道遠。」如果你能讓自己有信心，鼓勵自己的堅毅態度，無論做抉擇或執行決定，都會順利有效。因此，要在做完抉擇之後，往好處想，讓積極思想形成一股堅定的毅力，去仰望目標，去遂行它。

抉擇是一連串的意識活動過程，它受潛意識的支配相當大。因此，要明白自己為什麼要做這樣的抉擇？它的動機如何？它合理嗎？有益於自己的成長，符合個人和社會效能嗎？人應該透過冷靜的思考，去檢審以下幾個要點：

- 一個好的抉擇，是在運用你或團體的長才及潛能。所以你要肯定自己或團體所擁有的特質，並有效應用。
- 好的抉擇本身就能避開弱點。專為預防自己的弱點所做補償性的抉擇，容易造成副作用。
- 你的抉擇應能激起努力的動機。為了避免厭倦或半途而廢，抉擇必須符合現實。你的決定是辦得到的、是能掌控的，自然能引發強烈意願和動機。

● 抉擇必須符合現實環境的變遷。要注意社會解組和變遷殊快，你的抉擇必須符合客觀環境，脫離現實是失敗的根源。

抉擇是為了實現願望，滿足需要，或者改變生存環境。做抉擇必須符合自己的希望。因此，在環境變化時，你要做抉擇；比如說經濟成長陷於停頓時，必須對於投資、理財、消費方式，做新的決定。要實現個人期望時，必須做抉擇；例如你想邊工作邊進修，獲得高學位以滿足自己的期許。在面對危機時，更需要做抉擇；特別在企業經營面臨困境，生存面臨威脅時，必須做出好的決定。

所以抉擇是個人或團體適應環境的關鍵，必須切合實際利益，真實可行。抉擇一旦成立，就必須實踐它，努力去完成。實踐抉擇是一個心智成熟程度的考驗，因此，要當成功的管理者，能管理自己，也能管理所做的決定。管理的最簡單定義就是：成功的執行決定，達成預期的目標。這一點，從心理學上，可以看出幾個向度：

● 要先了解需要什麼能力、資源和行動，才能達成預期的目標。要把能力培養起來，能力加上資源，就能實現計畫。

● 把達成目標的步驟分成幾個階段，逐步實現。這能鼓勵你的士氣，透過適當的安排，讓你有條不紊地接近目標。

● 要注意生活和工作的配合，生活調理不當，作息習慣失序，往往造成精神不濟，無法面對挑戰。尤其是時間的運用，必須有效的安排；時間即是你的心力，心力是透過時間來表現的。

● 有些決定不是一個人獨自能完成的，那就要尋求別人的協助；要認清單打獨鬥的力量，不如群策群力來得有效。

● 要注意資訊的來源和研判。這是一個資訊的時代，無論是技術、生產、生活、文化活動，誰掌握資訊，誰即是贏家。

正確的抉擇，是良好心智的表現，能帶來行動和效能，為生活打開新機，開展新局。反之，就會失去理性的思考和有效的行動。我相信抉擇就是命運，一個個連續的抉擇，既構成人生，也構成生活的品質。

2 勇於做改變

逃避改變和不能做決定，大部分原因來自情緒和情感的失衡。如果你想有效面對現實，做成正確的決定，就要注意情緒的影響力，設法學習做必要的調理。

人想要活得有價值、有活力，能維持良好的情緒和身心健康，就得勇於面對現實，為自己的目標做抉擇。抉擇就是改變，今天的改變，是明天要承受的生活；你想過什麼生活，就得做怎樣的抉擇和改變。

記得年輕時，我跟父親一起做生意，越做越熟悉，買賣也越順利。父親希望我繼續做買賣，經常鼓勵我，找機會讓我賺錢，好建立成就感和信心。民國五十四年的春季，光是柑橘和李子兩季水果生意，就令我領受賺錢的喜悅。不過我沒有因賺錢而忘了求學的念頭，到了四月中，仍毅然表明心願：

「老爸！我決定不做買賣，要專心準備大學入學考試。」父親雖然希望我做生意，但聽到我堅定的口吻，也就不再表示異議。不過他還是說話了：

「讀大學最後還是要工作的，你要考慮這個現實。」

「我知道，讀完大學之後，會有較大的空間讓我發揮；至少不會像現在，只會做水果生意。我深信有知識就有能力，就能走出自己的未來，所以決定要讀大學，做個改變。」

我的夢想不是空想；堅持在工作之餘找時間讀書，結果如願以償，通過大學入學考試，也走出自己的生涯路。現在年歲漸增，回首前塵，還是為這一次改變感到高興和自豪。因為它為我的人生帶來全新的局面。相信這是一個明智的抉擇和改變。

抉擇有兩個向度：一種是決定不做什麼，特別是對自己不利的事，如抽菸、賭博、遊手好閒、怠惰等等，要決定遠離它，戒除它。尤其交上損友，更要克服寂寞，決定遠離他，俗語所謂「當斷不斷，反受其亂」。這樣的決定是為了維護自己，為自己創造良好的成長情境。另一種是決定要做什麼，包括生涯目標，工作的決策，以及家庭生活、感情、人際等方面的期許。這些能讓生活有積極的改變，讓自己投注於創造和行動，而感受到生活的實現和充實。

在做抉擇和改變時，最容易干擾我們的是情緒。恐慌和懼怕往往造成阻抗的心理反應。它令人遲疑不前，不敢斷然決定。因此，要設法制止它，不讓它破壞正確思考，或把自己困在原地不動。這時，要把正面積極的意念，引進心靈，讓消極的情緒漸漸褪去，積極的正念得到茁壯成長。

人之所以逃避改變，或做出錯誤抉擇，與自己的情緒成熟度有關。情緒越不健康的人，理性越不成熟，所做決定也就越缺乏建設性。有兩種情緒嚴重影響抉擇的能力：

首先，是茫然不自主的心境。也就是拿不定主意或漫無目標的心情。這樣的人，在青少年期之前，往往很少有機會做決定：有些人是父母長期越俎代庖，養成了他依賴的習慣，以致不敢做決定，更不知道從何決定起；有些人則受到虐待或嚴重的創傷，以致做決定時，不敢面對應有的承擔。他們改變不了自己，因為無知和懼怕阻止他做改變。

茫然不由自主的人，有時還表現出乞憐的態度；自溺於對自己不利的環境，不願意為自己爭取有利的未來。這種看似安於現狀，實則造成自我傷害，在諮商的個案中，屢見不鮮。一位受丈夫凌虐的太太，有可能沉溺於哭訴和悲痛，而不願去改變現狀，做出積極的決定；一位身體虛弱的中年人，對自己的飲食和作息習慣，不願意做新的改變。他們茫然不由自主，漫無目的地思考，沉浸在悲傷與痛苦之中，但不願挺起胸膛，做一次對自己有利的決定。結果希望的火焰，已然被無奈的情緒澆息。

其次是沮喪。這種情緒能剝奪人的生活和工作功能，沮喪憂鬱者，會對生活失去興趣，胃口差，容易疲倦；常有罪惡感，覺得自己沒有價值。沮喪是孩提時代受特殊創傷或失落所致，他一再溫習過去無奈的感覺或經驗以致心情低落，無法應付當前要做的決定。對於這樣的人，必須採取牧牛法，把自己的意識從過去殘留的絕望中拉回現實，弄清楚自己能做什麼，努力以赴。

沮喪的人有一個特徵，他看有價值的東西會覺得渺小，對於擔憂的想像則有誇大的傾向。在這種情況之下，我建議：

- 不宜逃避工作，要堅持與沮喪對抗；要學會嘲笑自己，說「你不是說工作沒有價值？交朋友沒意思嗎？我就要做給你看看。」然後任其沒有價值也要用它來對抗沮喪情緒。
- 給自己訂個階段性目標。別貪心，就你現在能力所及的水準去接近它，這能令你振作起來。

● 每天運動至少三十分鐘，生活作息要正常，注意保持均衡的飲食。

● 去看醫生，沮喪有時是生物化學失去平衡所致，這需要醫療協助才行。

優柔寡斷的個性會使人遲遲不敢改變，甚至無法面對現實做抉擇。前面所說茫然不由自主的人，是逃避改變或不知怎麼做決定；但優柔寡斷的人則經常陷入衝突和矛盾之中，無法取捨。遊走於兩個不同的觀點，不敢下決定，內心的焦慮不安，成為揮之不去的陰影。這種人，蒐集的資訊越多，擔憂的事也越多，自我改善的可能性就越低。

這樣的人容易陷入「工作該這樣，但我不能夠這樣」的矛盾。又比如說，某人受邀參加團體出國旅遊，那是經濟實惠、難得的一次機會；他渴望參加，但一想起自己害怕跟陌生人相處，就形成了矛盾，做決定時就有了困難。我們常因為自身某些不當習慣，而造成決定上的障礙。因此，最簡便的方法是設法改變刻板的習慣；多參加社交生活、參與各類公益活動、學習人際互動的技巧等等。刻板的生活習慣減少，做決定的效率也就提高。

最後，壓力也是導致不能有效決定的因素。人所承受的壓力越大，情緒越容易失衡，思考隨之受扭曲。其實，壓力的大小，是自己生活負載和自我功能的比值。如果負載過重，自我功能無法適時增加其效能，壓力值就竄升。這時負面的情緒會跟著增強，它會製造更多不必要的負載，並再次減損解決問題的能力，而造成惡性循環，以致干擾有效決定。

逃避改變和不能做決定，原因多半來自情緒和情感的失衡。因此，想要有效面對現實，做成正確的決定，就要注意情緒的影響力，設法學習做必要的調理。在做決定時，總會有多管閒事的人批評你，這時如果情緒不安，就會在負面批評中放棄初衷，而不敢改變或做出錯誤的抉擇。如果信心堅定，則別人的話只當參考，而不是用來推翻自己的決定。

做抉擇是每天會遇到的事，有些是小抉擇，有些是關鍵性抉擇。但是把握時機，做出正確的抉擇，才會成長和發展。機會只敲一次門，不及時打開門迎接，它就會另找幸運者。當然，魔鬼也只敲一次門，如果做錯決定，開錯了門，那就有苦可受了。而判斷的關鍵，正是以上所陳述的要領。

3 不做不可能實現的夢

要發展的目標，應該建立在實際的、合時宜的希望上。要依自己的性向、能力、興趣來發展自己的未來，但也要考慮實際環境。

我們常聽人說，要追求夢想，彩繪夢想，築夢和逐夢是人生最快意的事。有夢想的人，人生必有一番收穫。不過，我要補充說明，不要做不可能實現的夢，夢想必須切合現實；要從現實延伸到理想，從現在發展出未來，從手頭有的創造出夢想要實現的，這是築夢和逐夢之道。

可能實現的夢不是空想，而是可以用自己的能力實現它；雖然現在距離實現目標，還有相當的距離，但自己有信心，有步驟，有思想和毅力去完成它，就可以稱做可實現的夢想。《唯識論》上說：

要有希望、境力、諸心心所，

方取所緣，

故經說欲為諸法本。

它的意思是：夢想必須抱著希望，逐次建構必要條件，用心力和創意，才能結合諸緣，達成目標。這就是經上所謂：欲為實現各項事務的根本。夢想必須是切合實際的，與自己的能力、環境相配合的，不是憑空去杜撰的。

多數人都曾有過不可能實現的夢想，如果用它來做決定，不但不會成功，反而造成挫敗和折損。一般人都有一個心理傾向，在心中構築一個理想或夢想，而形成一個理想我的形象。就原始的意義而言，是為了取悅父母，獲得他們繼續保護自己；所以孩子們會抱著這些夢想，說些童稚的大志，而父母親也以它為樂，表示讚賞，孩子們因之得到被愛的感覺，並感受到自己好像有無限的力量。這樣的理想我所抱持的夢想，實際是一個空殼的觀念，如果孩子的心智成長和生活經驗，沒有促使它與現實面相銜接，那麼夢想將會傾向於幻想。

當然，這種幻想通常會在無助、對周邊的環境束手無策時，浮現出來，用它來補償自己的無力感。但它並非一無是處，由於理想我的運作，想像開始活潑起來，這時如果能與現實面結合，那麼具有創意性的夢想，就會躍出腦際。

誰都會做夢，但有些人做的是幻夢，有些人做的是可以實現的夢。在諮商經驗中，我發現有些孩子，從小就屈服在父母的權威之下，為了取悅父母，不斷表現出高理想和高目標。可是隨著年紀增長，在同儕的競爭中挫敗下來，於是高理想變成幻想，產生了眼高手低的現象。這些孩子一再在父母面前，表示自己有理想，但看看自己眼前的情況，又是一片頹勢。這樣的孩子，即使受完大學教育，亦長年陷在眼高手低的窘境。

你一定碰過這樣的人，在初次見面時，看他好像是一位很有辦法的人。但仔細觀察，會大失所望，他的公司是空殼子，事業是放在嘴上說說而已，遭遇每下愈況。這種人高不成，低不就，往往成了遊手好閒、吃閒飯的人。他們有滿肚子牢騷，說「命運不好，時運不濟」。任你怎麼勸說，他不甘心從基礎做起，越陷越深，一直到不可自拔。

有些青少年也是如此，不肯放下理想我的虛構意識，而懷抱不切合實際的目標，無法化成行動和活力，又不肯重新檢討，從現實面建構夢想，結果就成了沒有目標的人。許多孩子書讀不來，又不肯工作，父母和老師必須注意協助他們，回到現實去計畫他們的未來。

不斷升學，獲得高學歷，並不是每一個人辦得到的。這些人如果沒有得到適當的指導，就產生書讀不來、前途也無望的無奈。孩子的性向不同，能力不同，只要切合實際去建構適合自己的目標，就能走出自己的路。有一位年輕人來晤談時說：

「我已大學畢業，可是很沮喪，因為不知道自己能做什麼。我學的是文科，從小到大，一心一意只求大學畢業，以為只要大學畢業，就保證有個理想的未來。現在，我大學畢業了，我的夢想也結束了。」

我常跟大學生談話，發現對自己的生涯缺乏明確目標的，還真大有人在。他們不知道如何做生涯準備，不知道為自己奠定什麼基礎，只能過一日是一日。於是大學生失業率開始增加，徬徨不知生涯何去何從的困擾，往往成為輔導室的重要問題之一。我對這位求助的年輕人說：

「就妳接觸所及，真的找不到工作嗎？」

「工作都不理想，我不想做，所以一直失業。」

這樣的人，往往是不懂得從工作中找工作的道理，於是我說：

「一時找不到理想的工作，可以採取間接或迂迴的方式；先接受一個工作，讓生活安定下來，心情也會跟著穩定，然後在工作中結緣，尋找機會，總會實現妳的夢想的。」接著我很好奇地問她：

「你的夢想是什麼？」

「我想當老師。」

「你已修畢教育學程了嗎？」

「沒有，我的條件不夠，沒有資格修教育學程。」

這又是一個理想與現實脫節的問題。當然，她可以努力設法去修教育學程，但她覺得辦不到，這種徬徨是一種執著與矛盾。她所需要的是面對現實，在現實中去建立目標，那才是可實現的夢想。她必須嘗試一些新的生活經驗，我贊成她接受出版社的助理編輯，從生活中發現新的視野，建立新的夢想。

在學校裡，青少年只能從自己狹小的生活經驗中，去憧憬生涯與未來，由於所知和經驗有限，實在看不出自己的性向、價值觀念、能力和情緒狀況、適合什麼行業，所以往往所訂的目標，並不那麼切合實際。因此，我呼籲青少年，要多參加社團活動、研究計畫，參觀生產事業，參與生涯輔導活動，建立生涯的目標和實際計畫。在此，提出幾項建議：

●對於工作和職業，只問正當與否，不問貴賤高下；只要能施展能力，有所貢獻，就會有一片新天地。

●你要發展的目標，應該建立在實際的、合時宜的希望上。

●要依自己的性向、能力、興趣來發展自己的未來，但也要考慮實際環境。

●人的適應彈性很大，有很多工作興趣，是可以培養的。

●與現實環境妥協，必須考慮價值觀的同質性；跟你的價值觀相同的目標或工作，比較容易引起努力的動機和堅毅的力量。

●請記得，生涯是艱辛的，我們只有在苦中作樂，才會有真正的快樂，千萬不要夢想著你可以找到一個只有樂而沒有苦的生涯。生活的道理是：先付出代價，才會有甜美的報償。

時下有許多年輕人，生涯目標訂得太高，眼前看不出自己適合的落腳處，東蹉跎，西徬徨，浪費了寶貴光陰，遲遲未能建立一個可以發揮和施展的空間。我認為，只有肯落實在現實的人，才有權利去談他未來的夢想；至於那些只做夢而不行動的人，根本就放棄了懷抱夢想的喜樂和權利。

4 明白自己究竟要什麼

清楚自己要什麼，想做什麼，然後努力去做，這使我們的生活豐富起來，使人生有了活力。抱著希望，努力去實現的人，也必然是幸福和快樂的人。

無論你要的是什麼，都得認真去爭取、培養或努力。要什麼而不肯面對它、嘗試實現它的人，不但是一位失敗者，往往也是一位心理症狀的當事人。

人必須清楚自己要做什麼，然後努力去實踐；當然，所訂的目標必須適合自己，對自己有所挑戰，能激發自己的潛能才可以。美國馬拉松名將派蒂・凱特蘭諾（Patti Catalano），為了提升自己的實力，不斷向當時的第一高手葛利特・懷茲（Grete Waitz）挑戰看齊。兩人激烈競爭一開始，懷茲逼視著她說：

「妳在做什麼？」

「想擊敗妳。」然後帶著笑容超越她，向她挑戰。

派蒂後來解釋道：我盡可能盯著她，她是世界第一，我總不會吃虧。她克服許多難題，不斷訓練並培養鎮定、溫柔和耐力，去追求世界第一的目標。像這樣的人，她們的毅力和積極懷抱希望的志氣，令人敬佩。這些都是成功型的人的特質。《唯識論》上說：

緣可欣事，
若無希望，
亦無欲起。

你要什麼就必須對它朝思暮想，醉心於自己的目標，才會激發創意和熱情。不過，你一定要注意，目標要配合自己的長處，那才能發揮潛力。美國著名的演講家賴斯•布朗（Les Brown）在高中時非常仰慕一位教戲劇和演講的老師，醉心於當一位演講者，幾次想參加他的演講班，都沒有獲得老師的准許。布朗說：「我對老師著迷，經常想像自己成為某一類演說家。因為我長時間聽母親說故事，她的故事精采絕倫，這點我倒得到真傳。」

由於布朗被學校認定為智障兒，因此他一直無緣參加演說的教學活動。但他鍥而不捨，終於躋身其中，得到啟發、指導。於是，夢想成為一個演說家、成為成功的大人物的動機，督促他更加努力。

由於老師的教導和自己的努力，布朗在高中畢業後，考上一家電台當節目主持人；接著做更多努力，從主持音樂節目轉為新聞主播。他的視野越來越廣，成為社會事物評論者及社區活動倡導人。當然，其間他經過許多挫折和打擊，被迫換工作、轉台等等，但他的知名度卻越來越高，乃至當選了俄亥俄州的眾議員。後來，他成為政治人物，也是一位名演說家。

懷抱希望和夢想，用正當的手段努力去實現目標，是生命中很喜樂、很豐足的事。有目標、有夢想，肯以行動去實現的人，永遠是快樂的。他們的心理健康也比別人要好。我很欣賞發明家富蘭克林（Benjamin Franklin）的人生觀，他說：「窮其一生努力追求成功，是很正當的事；不過，當你成功時，別忘了慷慨跟別人分享，然後恬淡地拍拍手走開。」

我們應該清楚自己要什麼，想做什麼，然後努力去做，這使生活豐富起來，使人生有了活力。在諮商經驗中，可以確知抱著希望、努力去實現的人，必然幸福快樂。

最近，幾位朋友和我討論，「因緣所生法，我說即是空。」生活的究竟無非

「是非成敗轉頭空」，有什麼好懷抱夢想、努力實現呢？我說：

「沒有一番是非成敗的努力和堅持，又怎能轉頭空呢？生命既然是一段緣，就得惜緣，就該活得有朝氣、有活力才行。你總不希望人生是消極和空洞吧。人生就是要如此振作、如此積極去實現，那才叫大乘，才是修行，否則就變成斷滅和無記，生命將是一場空虛。」有人問：

「佛經上是這麼說的嗎？」

「是的。」我說。

「哪一部經典這麼說？」

「喔！《維摩詰經》上不是說：『雖行於空，而植眾德本，是菩薩行；雖行無相，而廣度眾生，是菩薩行；雖行無行，而現有受身，是菩薩行。』因此，明知人生如戲，但要演一場好戲，我們的智慧得以增長；明知生命如夢，但要築一個美夢，我們從中展現了慈愛的生命力。」

每一個人都要兢兢業業，要有目標，有抱負，有理想，有希望。要懷抱希望去做當做的事、有價值的事，它讓我們覺得充實、有活力、喜樂和心智健全。請注意，無所希望的人，無異放棄生活、放棄生命和健康。

人不該放棄應追求的價值、意義和理想，它就是希望，是生命的光和熱能。

禪家所謂：

參透為何，

方能迎接任何。

我們正因為有希望和目標，才願意接受任何困難，心甘情願接受挑戰。生命沒有希望就無法活的好，就缺乏創造幸福的勇氣。生命如果不是為了創造有價值的活動，就會失去它的光彩。

你究竟要什麼？只要它是正當的，是你真實的希望，那麼就請努力去實現，它將帶給你意義、活力和神采奕奕的人生。但別忘了，記得跟別人一起分享你的喜樂和成功。

5 開創自己的生涯

決定生涯目標，除了充分了解自己的性向之外，還要把握自己的價值觀。如果所選擇的目標能合乎自己的價值觀，則動機強，懷抱的希望也更殷切。

每個人都要有自己的生涯目標，才活得充實和振作，活得有意義、有價值。生涯不是只有工作和職業，而是融合了工作和生活，形成一個人生的信念，透過實踐去回答自己的人生意義。

沒有目標和價值依托的人生是徬徨的、是空虛無聊的；是無法振作起來、讓自己珍愛自己的。缺乏生涯目標和計畫的人，總是帶著自我放逐的態度。他們不會愛自己，也不會愛別人，甚至連對自己的家人，也反應出漠然的態度。

要開創生涯，必須做正確的抉擇。要知道用自己的能力、興趣、環境條件，從現在擁有的資源著手，透過工作、經驗、學習和創造，走出自己的生涯路。自己的生涯只屬於自己，所以不能抄襲，不能模仿。人必須善用手中的現實，所做的抉擇才是踏實可行的。

人要有遠大的夢想，但要有踏實的階段計畫；要有未來美麗的願景，但卻要用現實的船筏，一步一步划過去，否則就是不切實際，就容易落空。有一次，一位年輕人對我說：

「我不知道要做什麼，只是徬徨，沒有目標。服兵役回來，每天待在家裡，想參加考試上大學，又擔心通不過，也就沒有積極投入；想找工作，又不知道要做什麼？」他的表情寞然，身體僵化刻板。我知道他陷在一個無奈的中容境裡，不知該做什麼。所謂中容境就是進退維谷，不知道如何取捨決定。不過，中容境不能提供積極振作的目標和希望，最後還是會掉到消極的情緒裡。中容境只有在蒐集資料、釐清問題時，具有積極的意義，否則終歸要變得失落。我說：

「如果要參加升學考試，就痛下決心，排除萬難，努力以赴；明天開始，每天上圖書館，專心準備。」

「我想可能考不取，因為我的程度不好。」他說。

「那麼就去找一份工作，在工作中學習成長，也是大好的未來。」我鼓勵他就自己能力所及，找一份工作，努力學習，自然能在工作上走出自己的人生路。

他苦笑地回答：

「我曾想到去超商找事做，不過我厭煩那種應付人來人往的售貨工作。」

「那麼到職訓局去，學習一技之長；別小看一技之長，它能給你新的機緣，只要跨出一步，推開那扇門，一個寬廣的視野就會在你的眼前。」經過一番交談，他相信去學習與自己性向接近的技術，較切實際。最後，我提醒他：

「要認清，一技之長是未來社會謀生的必要本領，不要迷戀高學歷的文憑。大學考試錄取率達65%，將來大學會擴充得更多，若無一技之長，不肯心甘情願工作，大學畢業亦是枉然。何況學得本事就業之後，還可以參加空中大學，擴充自己的知識領域，畢業時亦頒授學位文憑。你要看清自己要走的路，然後一步一步走下去。記得！要抱著希望，要主動的學習，為自己的人生負起責任。」

這個年輕人，從徬徨地進門，到打起精神要去走自己的路，表情判若兩人。人在有所決定時，總會看出希望，有了希望就能引發耐心和刻苦的努力。不過，我還是不放心他是否切實執行自己的決定，所以要他跟我保持聯絡，維持後續的諮商。

事過兩個星期，他回來說：「老師！我去見過中區職訓中心的主任丁文生博士，他給我一些協助和建議。正好趕上開學，我找到想學的職種，將來要在精密機械製造方面發展。」看著他充滿信心的神情，真為他高興。

決定生涯目標，除了充分了解自己的性向之外，還要把握自己的價值觀。人若朝著性向所近的方向去發展，容易得心應手，比較有成就感和信心。當然，如果你所選擇的目標能合乎自己的價值觀，則動機強，懷抱的希望也更熱情。

所以心理學家施薇兒（Lila Swell）認為：成功與個人的本質分不開，許多人放棄自己的本質，去做別人認為好卻非自己喜歡的決定，那是導致失敗的原因。因此，若想尋找一個符合自己的目標，讓它挑起你的熱情和希望，她建議：

- 列出三件你曾嘗試過，最成功、最有成就感，至今想起來你還會覺得雀躍高興的事。
- 仔細分析在這些得意的事情之中，你表現的能力、性向、情緒、體能和人格特質。
- 從中歸納你成功的理由和因素。
- 找出你的價值觀，是屬於下列哪一類：美感、人道、智能、經濟、權力、宗教、快樂七種。

●根據你的價值觀和性向特質，決定你的人生目標和職業。

人一旦有了重要決定，就會抱著希望，心智和精神就會動員起來。由於所做的決定，符合自己的本質，所以興趣高，耐心和毅力容易發揮出來，創意也會源源不絕。只要努力，就會嚐到順心的感受。

抉擇當然也會影響人際關係。由於你樂此不疲，經驗豐富，就很容易跟同行朋友溝通，人際溝通的習慣，隨之遷移到一般生活層面。這時跟一般朋友的互動也變得嫻熟而有信心，從而擴大人際交往，而增加許多發展的機會。

我在大學三年級的時候，有機會擔任研討會的主持人；戰戰兢兢的準備過程中，甚至緊張到會後還在偷偷的發抖，但那一次得到熱烈的掌聲和讚美，到現在想到那一幕，還在雀躍，那種成就感真是銘心入腑。我發現自己的口語表達能力是不錯的，在其後的經驗中，更找到了演說的技巧和價值，因為我喜歡跟群眾分享新的觀念和知識。

我學輔導諮商，是因為對人的同理不錯，容易了解與感受別人的處境。天生又樂於助人，所以對於來協助的諸多個案，不但不心煩，而且會引發創意，去幫助對方走出泥淖。

我選擇助人的工作，是經過反省和思考，才做了這樣的決定。當然，這其中經歷了各種學習、努力和堅持。希望的光芒會引導人走出想走的路。回首前塵往事，還是覺得滿意，因為誠實地走自己該走的路，沒有去走別人認為最好的路。我深知要生活的是自己，一定要選擇自己做得來的事，才會心甘情願去努力、去負起責任，這是保持喜樂的原因。

生涯就是希望，它代表著真正的自己和處境，它不該受野心支使，不可被流行掩蓋。今天對生涯所做的決定，都構成明天要走的路，草率的決定，將得到草率的命運。

6

活在希望之中

真正的希望必須是現實的延伸，是一步步往前走的路，是不斷為美好的下一步做準備的實現。

人要抱著希望才能活得好。希望是指願意主動實現其生活，讓生活更美好、更健康、更有活力。希望不是消極的期待，而是主動的創造。希望即是生命和生活的本身，而不是野心和貪婪。因此，抱著希望的人，總是心懷具體的目標和理想，而非虛幻的空想。他們不斷孕育新的生活，心智不斷成長，因此生命也是蓬勃地發展。

哀莫大於心死；人一旦不存希望，生機不再，生命也就休止。希望的具體表現就是欲。欲會形成具體的目標和實踐的動力，而令自己樂於完成它，樂於實現它，從而締造幸福的生活。《唯識論》中說：

云何為欲？

於所樂境，
希望為性，
勤依為業。

人的生活目標、意義和價值觀念，都是欲的一部分，它的特性就是希望。有了希望就會樂於行動，而且勤奮地振作起來。生活的豐富感，是從欲和希望中創造出來的。沒有期待和希望，生活就會落空。心智消沉的人，大部分看不出希望，或者他們給自己訂了一個遙不可及的目標，以致希望落空。

我認為希望、現實、行動和成長是分不開的。也就是說，想訂一個目標，激發樂觀奮鬥的勇氣，就必須從上述四個因素著手，缺一不可。舉個例來說，當景氣不好時，就會有人失業，面對失業是痛苦的，是恐懼的，也是空虛的；因為他沒有希望，沒有目標，不知從何著手，眼看著儲蓄就要耗盡。這時，有些人採取消極的行動，墮落在賭場，藉酒澆愁，甚至在無聊空虛中闖下禍事；這樣的人，顯然因為不懷希望，而變得墮落。

反之，一個自我功能健全的人，會採取積極的行動，試探新的生涯目標。有一位朋友告訴我，由於公司倒閉，他失業了，剛開始幾天他待在家裡，覺得無聊恐慌。正好朋友找他去做義工，心想失業期間，閒著也是閒著，就到社團去做服務工作。服務工作結束的檢討會上，結識了一位企業負責人，他給了他一份新的工作。因此我相信行動往往給人帶來新的希望。

人們遇到困難時，習慣性的反應是採取消極態度，變得保守退縮，甚至逃避困難。於是把心力放在如何減少損失，或者心生退卻，昧於現實，而不再抱著希望，未能努力發揮潛能。然而，積極的行動力量，才會讓我們重燃新機，實現新的希望。

你很容易遇到一些自以為見過世面的人，在你抱著希望試圖創新時，以老氣橫秋的口吻對你說：

「奉勸你別作白日夢啦！實際一點的好。」

「主意倒是很好！做了你就知道困難重重！」

「別浪費時間精力去冒那種險！」

這些自以為是的人，經常澆人冷水。要當心，他們往往把希望的火焰澆熄。

我倒不鼓勵人恃才自傲，更不贊成剛愎自用，不聽別人規勸；但要強調希望的熱情是生命之焰，不好好維護它就沒有勤奮樂觀的動力。因此，建議幾個踏實的作法，讓希望得以實現：

- 積極地行動以實現夢想。
- 步步為營，打好基礎。
- 克服消極思想的作祟。
- 結緣、把握機會、力圖發展。

無論做什麼事，一開始時不要被唱反調的人把信心擊垮。請記得！信心是希望的膏油。在我們的周遭，唱反調和缺乏鬥志的人很多，他們有足夠的理由動搖你的信心，把你從跑道上拖下來。因此，你一旦有了真實具體的目標，就要培養毅力；願望切忌被別人的口水融化，才能完成它，實踐它。不過，要把握一個要訣：每一個行動都必須認真踏實，從中不斷獲得經驗和啟示。

其次，不要心存僥倖，避免貪婪的心作怪，否則會使思考短路。如果不是步步踏實，就容易陷落不切實際的幻境。常有年輕人問我：「怎麼才能成為成功的作家？」我總是告訴他：一天一天地寫下去，把你的觀察、體驗、智慧和情感，透過筆書分享給讀者。世上好像沒有一蹴可幾的事，因此我很欣賞美國第三十任總統柯立芝（Calvin Coolidge）這段話：

「要勇往直前，只要有心，必無難事。才能不足為憑，世上多的是空有才能而一無所成的人；天賦不足為恃，腹內空空的天才隨處可見；學歷不足為傲，社會上也充斥著受過教育的敗類。惟有毅力與決心，才是無所不能的。」

其三，希望的剋星是消極。消極是什麼？慣於推拖拉、不能及時面對問題的人是消極；諉過而不能自我檢討的人是消極；經常抱著不測之感的人是消極；把目標訂得遙不可及的人是消極；認為自己是無能蠢材的人是消極；不能跟別人合作、互相砥礪的人也是消極；不知隨緣學習、向人請教的人更是消極。

希望沉沒於消極，痛苦的惡魔則藉消極助虐。消極能製造問題，引發悲劇，孕育心理疾病。至於樂觀，則能激發工作效率，實現懷抱中的目標和理想。

其四，希望是可以分享的。家人一起分享希望，可以互相打氣，結合力量，創造幸福家庭。企業體系裡也是一樣，企業家要有大格局的希望，要考慮員工的福利，要懂得分享共同的希望和願景。這種讓大家看到希望的一股熱忱，能帶動士氣，發展合作意願，創造共同生機，這就叫結緣。單打獨鬥的時代已成過去，共同努力和分享福祉的時代來臨，生活態度的最大改變莫甚於此。

人之所以對生命不抱希望，是因為長期活在挫折之中，活在遙不可及的目標追求，或者活在空想之境。他們自以為懷抱著的是希望，實際上那只是空想。真正的希望必須是現實的延伸，是一步步往前走的路，是不斷為美好的下一步做準備的實現。

貳

保持正確的信念

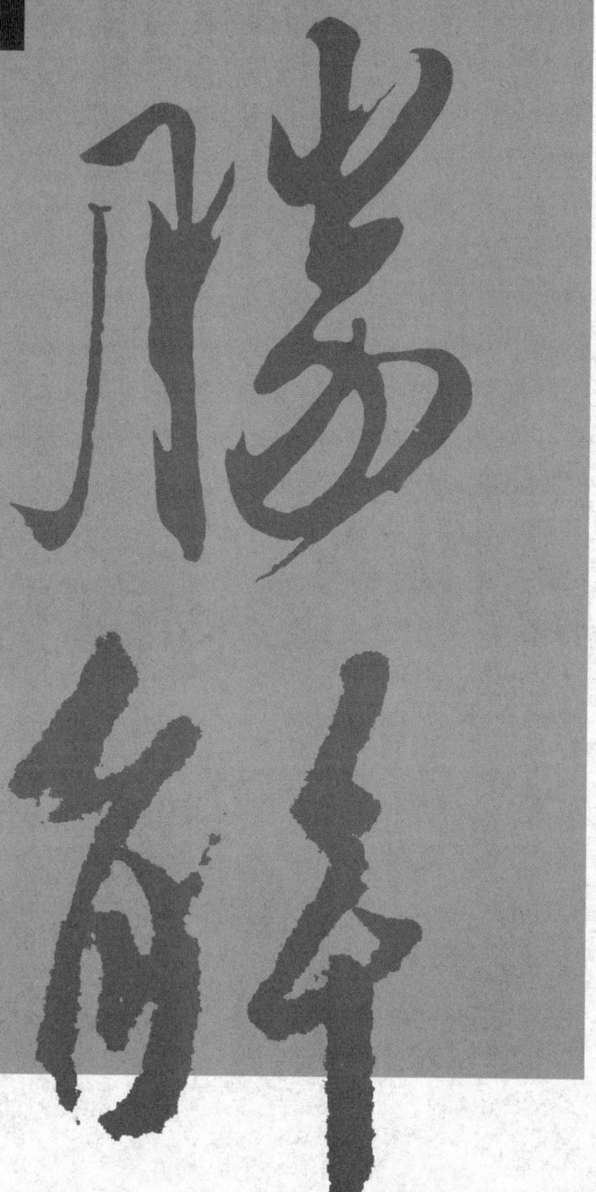

我們總是用自己的信念去看人生，解釋發生在自己身上的事情，以及所做的種種行為。這些基本信念就是唯識論所謂的勝解。

勝解就是個人的基本信念，也是自己的價值系統。它對個人而言，是最高的指導原則。因此，個人的信念是主觀的；由於觀念不同，價值判斷不同，作法和行事風格亦各異。《唯識論》中說：

云何勝解？
於決定境，
印持為性，
不可引轉為業。

對於待人接物的情境，信念具有決定的功能。個人對某事件或情境，一旦有了堅固不拔的殊勝理解或看法，無論遇到怎樣的異議，都難以使他轉變；即使是錯誤的信念，亦會執著不放。因此，勝解無所謂對或錯，只要個人自以為是的，就會執著其中，指引其思考方向和行動。

個人的信念不同，表現出來的價值觀也會不同。因此與社會通俗觀念不同的信念或勝解，就可能跟別人衝突。當然，與通俗價值牴觸的勝解，未必就是錯的。許多創造與發明，剛開始提出來時，是被排斥的。例如牛頓提出萬有引力時，被大眾排斥；哥白尼提出天體運行論時，被教會視為異端。但這些科學家都堅持了真理，他們的勝解為人類科學研究，帶來革命性的貢獻。

當然，如果個人的勝解或信念，是有偏頗的，在日常生活中表現出與人格格不入的行徑，這樣的勝解可能成為適應不良的來源。消極性的信念，會把生活帶向退卻、壓抑或失敗的道路；積極性的信念，則能促進潛能的發展和精神生活的成長。

勝解或信念是從生活經驗中得來的，所得的信念又成為解釋新的事件或遭遇的依據。因此，個體若長期生活在不利的情境下，例如被虐待、失去教養和文化刺激不足的環境，則其信念往往有偏差之虞。因此，個人成長過程中，環境給他的基本教養殊值重視，乃至成年之後所交的朋友和生活的環境，都在在影響一個人的勝解。

於是，如何保持正確的信念，成為人生的導航地圖，是本篇的重點。由信念所構成的導航圖，必須隨著年齡的增長、環境的變化、社會的變遷，做適當的修正。我們不可能用過時的地圖，順利正確地到達目的地。在諮商經驗中，我發現偏差行為的青少年、親子間的衝突，乃至婚姻生活的失敗，其心理失調的症狀，大都與過時地圖未加修正有關。例如結婚之後，仍延用單身時的生活觀念；孩子已經長大，仍以幼童的態度對待他；成年人延用兒時的信念，去待人接物；企業經營者仍堅持舊觀念、老方法做事……這些都會導致適應的困難。本篇的重點包括：

首先是生活的基本信念。人生需一套根本的信念系統，這是每一個人應該培養的精神力。由於它是健康人生所必備的信念，不妨把它與倫理結合起來。這信念上至對人生的信仰，下至生活與工作的基本正確信念，它們很少更動。在工作方面，要注意的是真實、不憂愁、心甘情願和不自私；在個人修養方面，要保持清醒、避免狂傲、每天給自己一點快樂、珍惜朋友和正信的信仰。這些基本信念能令人在工作上有傑出表現，在心理健康上得到保障。

其次是怎麼解釋就怎麼活。人的判斷、心情、態度和適應的行動，都來自對生活現實的解釋。正確的解釋，帶來解決問題的思考和回應，它孕育成長的機會，累積成功的經驗，啟發創意的觀念。錯誤的解釋，往往形成偏差或消極的心理，鑄成錯誤，或令人憂鬱絕望。

有幾個解釋將導致消極思想、阻礙個人心智正常運作，包括：誇大失敗或缺憾；忽視積極面；任何事都聯想到自己的面子；被「不聽我的意見就是不尊重我、不愛我」的錯誤假設困擾；抱持「非此則彼」的錯誤態度，扭曲現實；輕易妄下結論。

如果你有這些錯誤，就容易對事情做消極性解釋，要設法改正它才行。

其三是心態影響生活品質。人的心態與過去的經驗、現在的現實和未來的前瞻有關。我們既不能執著於過去、現在和未來，也不能脫離過去的教訓、現在的現實和未來的希望。這一章指引你從中建立清醒客觀的心態，積極面對生活與工作。

其四是對現實生活的覺察。人的痛苦、不良適應和情緒困擾，往往是自己對現實生活做了錯誤的判斷所致。特別是人際關係方面，誤判會造成人際衝突，引起疏離，造成合作和溝通上的困難，甚至影響安全感。現實生活包括工作、感情、人際、學習、信仰等方面。如果我們不透過清楚的覺察，去認清它，找出問題的癥結，然後設法解決，而採取妄下斷語的方式，這將會使困難和挫折擴大，令自己陷入困境。

其五是工作與生活的平衡。人要維持生計就得工作，工作能使生活充實。但不當的工作態度，會使個人脫離常軌，而喪失了生活的快樂和情趣。在這一章裡，對於如何使工作和生活相融，提出建議。並對如何使工作順利成功，提供實用的線索。

最後是信念在左右你的生活。每一個人都有一套信念或勝解，用它來解釋所發生的事，指引自己的判斷和反應方式。所以人是否幸福成功，受信念的影響殊大。一個外控型的人，會往外去追尋價值；內控型的人，則由內省尋找價值，這是他們人生的分途。一個抱著懼怕態度的人，防衛心強，焦慮度高，生活在不安和憂愁的機會大。一個安全感好的人，則表現出積極、進取和冒險的生活態度。兩種信念的人，生活亦就大不相同。

本篇就勝解的角度，討論其對生活、工作和精神生活的影響。人若想生活得成功，就得把握正確的信念，經常修正這張指引人生的地圖。

1 生活的基本信念

無論你的職位、工作、社會地位如何，都必須有一套待人處世的基本信念。有了它，就像有了鑰匙一樣，可以打開一扇扇的窗，一道道的門。

信念在不知不覺中，引導你的行事風格和品質。每一個人都有一套生活信念，形成獨有的價值系統，用它來維持生活的一致性，並以之做為個人生命意義的基礎。另一方面，一個人也應用它來解釋自己的遭遇，說服自己，平服內心的不滿。這套信念如果健全正確，生活就過得積極振作；反之，則生活渙散，不能維持一定的規範。

缺乏基本生活信念的人，通常也正是邊緣人格的人。良好的生活基本信念，是個人維持清醒，保持振作和喜樂，保障自己不會脫軌，避免生活靡爛和作奸犯科的心理機制。從犯罪青少年的個案中，可以明顯看出，他們缺乏基本信念。他們只有「我要」，但缺乏實現它的正確觀念；只有「目標」，而缺乏合理的取得過程。這些人欠缺道義感，沒有生活紀律可言。至於生命的價值、生活的規範，以及應對進退的原則，都付之闕如。

基本信念是否健全，也是心理健康之所繫。心情缺乏平衡、生活散漫的人，都有心理失調的症狀。生活的基本信念，說穿了就是倫理道德，心理學家弗洛姆（Eric Fromm）所指出：倫理是個人幸福和心理健康的核心。

有些人抱著永生的信念，學佛或信仰基督等等。外人以為那是迷信，視永生是無稽之談，但他們堅信性靈的永恆存在，並認為此生是為了修行，提升心靈，開啟智慧和愛人的德行。他們的信念產生很大的作用，化作謙和，形諸對人的友愛和幫助。他們的心量寬闊，恬淡而神情怡然，做起事來腳踏實地，效率也高。他們深信：努力工作固然是為了成功，但最大的收成是心靈的進步與成長。他們知道自己越來越靠近祂。

有一次，我母親告訴我：「努力工作是為了生活，上蒼也在看著人是怎麼努力。其實，努力和善良就是通往極樂世界的資糧。」我覺得很有道理，就問她：「現在你怎麼努力？」她開心地笑了，臉上的皺紋更慈祥了，她說：

「總是要努力生活呀！你看我，拖著老化的身體去拜佛，去共修，這都要很努力的。小孫女上學回來，跟她們談話，找一點餅乾給她們當點心，有時跟她們玩玩，那都要努力的。」

「你何不清閒些呢？」

「不行。沒有努力就等於沒有好好生活，那會對不起自己，也會對不起阿彌陀佛。你知道嗎？衰老的身體、僵化的軀幹，拜佛、打坐、繞堂等都很艱苦，但越是艱苦，表示發心越虔誠。」

「你相信將來一定會到極樂世界嗎？」

「當然。不過也要你們到時候不打擾我，最好能為我助念。對了！我要告訴你，要堅信永生。」

「我會的，我信心跟妳一樣堅定。」

「永生極樂這件大事，令我們明白生活的真諦。」她補上一句說。

看著母親健朗的身體，神清氣和，從她的眼神眉宇之間，可以看到一顆慈悲和智慧的心靈。現在，我完全明白，為什麼她能努力克服諸多坎坷，保持著良好活力的原因。我們母子每有機會交談，她總會問我許多佛學上的問題，我雖一一作答，但總覺得，她早已有了體驗。

信念無關知識，全是行動後的心得。美國一位在森林工作的工人，他努力了三十年，終於想回到大學進修。由於資格不符，費盡九牛二虎之力，學校看在他好學的份上，終於接受了他。不過，他只讀了一個學期就放棄了。教務長問他：

「我們破例接受你，是受你好學的心所感動，怎麼現在又不讀了呢？」

「啊！教授們所教的東西，我早已經會了，甚至他們講的東西，還是從我這裡學去的。」

我相信修行就像這回事。要有信心，有信念，努力去實踐生活和工作，光紙上談兵是不夠的。有一位作家曾說：「只有相信永生，才能明白宇宙的真諦。」光是這樣的信念，就能孕育無限的美感、善良和真理。

在永生的信仰和宗教體驗中，心靈得到滋養；滿足了它的需要，當然也發揮了認識生命意義的功能。人免不了受到嚴重的打擊，也許是一時的橫禍，也許是突如其來的病痛和死亡。如果沒有信念，就解釋不了它。一位學童被同學所擲的鉛球打成重傷，從此拖著傷殘過一生。他曾有過恨與掙扎的痛苦，後來是宗教為他治好了心病。他說：

「我還是殘障虛弱，但上蒼卻令我相信，這樣的身軀更能表現我的堅毅。祂已為我治好了病，因為我不再怨恨，而且試著過正常的生活。」

一位窮困的工人，在學佛之後，得到新的信念。他誠心地說：「我從年輕到現在，辛勤的工作，只拿到微薄的待遇養家活口，而包商們卻過著富裕的生活。原先我有些難以平衡。有一天的夜裡，我念佛冥思，突然得到殊勝的領會：『啊！我過去工作的努力功不唐捐，我只領受了一點點，大部分的收成都存在極樂世界的銀行，確保我有了往生資糧。』」這個人就更精進、更平衡和健康了。

一位經商的年輕人，幾年的努力和儲蓄，被朋友倒掉了。他受害很大，自己的公司也跟著垮了。長期努力的成果，瞬間化為烏有，還背負著債務，一時心理難以平衡。他在信仰中得到新的解釋而釋懷，在經年的痛苦之後，才領悟到：「這是一次徹底消業障的歷程。我已看出它的意義，心理得到平服；一切從頭來，學到更多經驗，現在事業也做得稱心。」

從心理諮商的角度看，要維持生活和工作的順利與發展，有幾個簡單的信念要堅守：

● 要真實：把事情弄清楚，踏實地去做，弄虛作假對你的生活和工作無益；

打腫臉充胖子是傻瓜幹的，愛出虛名是大頭病的行徑。

● 不憂愁：想清楚，做了決定，就該往好處想，努力以赴，追求成功。

● 心甘情願：不要滿腹牢騷，抱怨會損害你的元氣；心甘情願工作和生活，反而處處有新機。

● 不自私：只想到自己的人，看不到更寬廣的視野，同時也是精神抑鬱的開始。

無論你的職位、工作、社會地位如何，都必須有一套待人處世的基本信念。人的適應力和精神生活的消長，並非事業做得大，就會稱心滿意；也不是權力在手，就有著無窮的滿足感。當一個人拿追逐成功來做唯一的滿足感時，心智開始封閉，創意和智慧受阻，錯誤和傷痛的事隨之而來。因此，無論你的成就高下，都要注意以下修養的信念，以保持良好的生活狀況：

● 保持清醒：不要被享受和娛樂綁架。請注意，「福不可以受盡，受盡則緣必孤」。

●避免狂傲：碰到挫折或良機時，越是自大的人，越會使盡全力，窮追猛打。當心「勢不可以使盡，使盡則禍必至」。許多企業家過度投資，最後垮在野心的泡沫裡。

●每天給自己一點快樂：如果你平常就不快樂，你一生也等不到快樂。要注意！努力是一種快樂，愛心助人是一種快樂，欣賞和感恩也是快樂。

●珍惜朋友：友誼給你許多支持和溫暖，但你有受，也要有給才行。

●堅定信仰：正信的信仰，給我們無盡的精神資糧，但你要每天接近祂，才能得到啟發、溫暖和愛。

人生需要基本信念。有了它，就像有了鑰匙一樣，可以打開一扇扇的窗、一道道的門。人生的路是四通八達的，懷著正確的信念，就能自由遊走。在最近的諮商經驗中發現，青少年應有的基本信念顯得相當缺乏，這是當前青少年問題的病根。當然，整個社會所表現出的膚淺、縱容於聲色之娛，更是病根的源頭。這個社會將面臨更嚴重的精神生活難題。但我相信，抱持著正確的信念，就能度過成長過程中的失調和振盪。

2 怎麼解釋就怎麼活

錯誤的解釋，形成錯誤的信念，用它來處理生活與工作，就產生失誤和挫敗。因此，要懂得正確地解釋生活的現實，從中獲得教訓，才有成功的人生。

人的判斷選擇、心情態度和適應的行動，來自對生活現實的解釋。正確的解釋，帶來成功的回應。錯誤的解釋，形成偏差或消極的信念，做出錯誤的行為。

每個人都在不斷解釋自己的遭遇。解釋形成信念或勝解，任自己聽命於它；無論對或錯，總是信以為真。同樣碰到挫折，有人覺得「我還很幸運」，沒有弄到一無所有，相信能東山再起，或者還有好前程在等著他。有人則完全絕望，因希望破滅而心灰意冷。正確的解釋，好像人生的一盞燈，給人光明和力量。佛門有一首詩：

提一燈，
行暗夜，

毋憂暗夜，
唯賴一燈。

人若能對自己的現實，做正確的解釋，心智會不斷成長，胸襟和氣魄也會開展起來。反之，踏在無常的世局裡，免不了倉惶失措。

解釋影響生活甚鉅。有些人事業經營不順，或身體不健康，把它解釋成自己的命不好，祖墳風水有問題，或者與某人相沖相剋等等。這種不清醒、不科學的解釋，不但失去檢討錯誤、尋求改進的機會，更讓自己陷於無奈，或做出非理性的行為。一位媽媽相信自己與女兒相剋，虐待的行為和忽視的態度，不但戕害了孩子的身心，自己也觸犯法律；一個青年因為人際互動沒有處理好，相信沒有人瞧得起他，而把自己孤立起來。這些都是錯誤的解釋所致。

解釋自己過去的遭遇，是一個來回反芻的心理過程。因此不當的解釋會在反覆思考和行為中增強，把錯誤看成真理，造成心理僵化、無能或潰敗。最常見的第一種繆誤是誇大失敗。特別是對挫折和困境的誇大，令自己覺得困難重重，無法振作。有些人對自己或家人的缺點，做了誇大的解釋，造成感情受創，親密感解體。父母對子女缺點的誇大解釋，導致對子女的絕望，而放棄幫助克服困難的努力。有時因絕望的心情，而對孩子做嚴厲的批評或抨擊。誇大缺點，對婚姻的傷害尤其嚴重，歧見越來越多，從而堅信婚姻無救，而埋葬美好的姻緣。

信心崩潰的第二個因素是忽視積極面。當你的眼光老停留在消極面時，就會引起沮喪、洩氣和無助之感。誇大消極面和無視於積極面，簡直像孿生雙胞胎，如影隨行。

一位太太因為先生經常晚歸，而養成誇大消極面的習慣，反覆地想：「他經常晚歸，將來會天天晚歸，會越來越晚歸。他在外頭有外遇，婚姻就有危機。那時我不再被愛……。」於是不安襲上心頭，對先生疑神疑鬼，說了傷和氣的話。誇張先生晚歸的消極面，造成婚姻的衝突。原本互相關懷、了解和支持的愛開始受損，她更陷入痛苦和焦慮之中。

這對夫妻找我晤談時，太太沮喪不安的神情溢於言表。我了解到先生把每月的薪水都交給她，為了工作的需要，在下班之後還得拜訪幾個客戶，是例行性的活動。不過她始終看的是消極面，而無視於先生行為的積極意義，這是她痛苦的來源。

其三，把任何事都聯想到自己的面子上，也會造成錯誤的解釋。「反正大家都在笑我！」「大家知道我離婚了，都用異樣的眼光看我！」「每一個人都在看我這張難看的臉！」「我表達意見，或問問題，別人會認為我愛現或無知！」當一個人這樣解釋自己的行為時，心理壓力隨之增大，會覺得處處不對勁，腹背受敵。這種錯誤解釋所歸納出來的信念，對個人的心理健康和社會適應，造成嚴重的衝擊。

其四，有些人會用「非此則彼」來解釋日常事物。他們的想法是「別人沒有讚美我，就是對我印象不好！」「學業成績不好就是笨蛋，我是沒有人瞧得起的笨蛋！」這種非此則彼的想法，對於現實環境，造成嚴重錯估和扭曲。當媳婦開始覺得公婆並不喜歡自己時，往後生活在同一屋簷下，就有了千困萬難的窘境。

上班的第一天，不苟言笑的直屬上司，會給非此則彼的新進人員帶來不受歡迎的困擾。直到有一天，彼此有機會交心，才能釋懷。非此則彼的解釋方式，也會帶來諸多意外的效應。一位優秀的經理，可能因為景氣不好，業績沒有成長，而老闆又沒有及時表示安慰，令他以為失去賞識，而懷跳槽的心意。

其五，錯誤假設：「你不聽我的話，就是不愛我或不尊重我。」這樣解釋人際互動，往往造成親子、夫妻或主管與部屬之間失和。當一個人相信：絕對的服從表示尊重、孝順和同心，意見不同表示彼此決裂時，生活將經常處於攤牌的僵局。例如父親說出重話：「如果你不考醫學系，就別想念大學！」「如果要跟他結婚，就斷絕親子關係！」「如果你不離婚，就是不要我們老人家了！」這類二選一的思考方式，為人帶來嚴重的困擾。

另外有一種人，在解釋生活事物上，容易輕易妄下結論。他直覺認為某些事情不吉利，某些事情好彩頭，不加仔細思考，就做了決定。過去鄉下人有一種習慣，在相親的當天，只要家裡出了點小差池，例如雞鴨死了，碗盤打破了，那麼這門婚事就別想再提。無論相親的主角彼此多麼心儀，父母親的態度總是「免談！」這就是典型的妄下結論。

有些人沒有任何事實證明他能力差，卻一口咬定自己沒有本事；他們灰心，自甘墮落，過頹廢的日子。更荒繆的是這些人相信算命，不相信努力和創造；相信過去一兩次不如意的經驗，而再也不肯做新的嘗試。他們嫉妒別人命好，怨嘆自己命苦，更經常抱怨上蒼的不公。

有時，思考上的過度類化，也會帶來錯誤的信念。人如果連番遭到不幸，屋漏偏逢連夜雨，就會使一個人做了過度的類化，產生消極的思想和態度。這在人際關係上特別明顯，例如年輕人邀約女生出遊，連續吃了閉門羹，信心不足的人就會產生過度類化，覺得自己不受歡迎，而沮喪退縮起來。

有些孩子，在家裡所受讚美過多，初到學校，因為老師要照顧全班，未能給他足夠的關愛，就覺得老師不喜歡他、同學對他不夠友善。他做了過度類化，一直以為別人不喜歡他或排擠他，而造成初入學時的適應不良。父母或師長若不能及時予以協助，孩子將會因此而受到心理創傷。

人因為解釋事情錯誤，形成錯誤的觀念或信念，再用它來處理生活與工作，就會產生失誤和挫敗，於是在精神生活上受到打擊，在情緒上發生更多困擾。因此，人要懂得正確地解釋生活的現實，從中獲得正確的教訓，心智才會健康。我對於如何解釋生活現實，做以下建議：

- 一個事件有很多構成因素，失敗並非所有因素都做錯了。所以要找出錯誤的真正原因，設法改進它。至於正確無誤的部分，要看清它，保存它，為這些優點表示慶幸。

- 不能專找自己的失敗來評論自己的價值。其實人的成功生活經驗，遠比失敗的經驗多；要在成功中評價自己，在失敗中改正錯誤。
- 把事與人分開來。做錯一件事，別人並不就看輕你；做對一件事，別人也未必就讚美你。對的和該做的就去做，不要等著別人喝采，更不要因為別人批評就猶豫不前。
- 做清楚的思考。不要相信命運，要相信思考、創意和努力。要注意實踐的過程，一一去克服困難；凡事不可妄下結論。

精神生活的違常，是由於長期做錯誤的歸因和解釋所致；錯誤的信念一旦形成，就等於在你的大腦裡，灌進了一套錯誤的程式，每天提供不實的訊息，干擾思考、情緒和精神生活，甚至令人當機。對此，不可不慎。

3

心態即是生活的品質

人不能執著於過去心、現在心或未來心，但也離不開過去、現在和未來，只有三者得到協調，才會大開智慧之門，才能回答生命的問題。

人的心態牽動思考的運作，影響其著眼點、看法和情緒。能清楚了解心態為何物，就能把握自己究竟在幹什麼。心態是心理運作時的傾向，有的人傾向於過去的經驗和教訓，有的人傾向於當下的分析與判斷，有的人傾向於未來的好奇、試探和期望。由於偏向各異，過去的生活經驗不同，行為表現也就各不相同。

佛學中明白指出過去心、現在心和未來心。首先，過去心是指過去所受的教誨、訓練、經驗和種種遭遇，有好的有不好的，有正確的也有不正確的，有愉快的也有不愉快的。如果你從心理檔案中，直接調出這些資料，回應現實生活，這就是使用了過去心。就好的一面而言，你會是有教養，有文化氣質，有是非羞恥之心；但它的缺點是食古不化，用固有的規範處理事務。

過去的經驗如果是沉痛的創傷、受到苛刻的教育，那麼用這種方式來對待自己，就會受折騰而不愉快。精神疾病是把過去不當的教養和創傷，直接遷移來看現在的生活，而造成痛苦和憂傷。例如憂鬱症的人，他一直帶著批評性、苛責的心態來對待自己。

活在過去心的人，往往僵持於過去，食古不化，是百分之百的道學者，他們以古非今，以種種規範批評自己；發揮到極致，就會成為道德強迫症。一位年輕人，很擔心自己的行為觸犯了經典，每天批評自責，陷入痛苦和憂愁。心理壓力和焦慮感令他處於精神崩潰的邊緣。他時而批評這個社會邪惡和墮落，早上起來看報紙，社會風氣令他擔心和失望。反觀自己的生活，覺得觸犯戒律而懊悔，連正常的性生活都令他覺得猥褻。他說：

「我實在活不下去了，這個社會令我絕望，對自己的罪惡感更絕望……。」

我聽出他的問題，知道他只有過去心，缺乏現在心和未來心。

「你用戒律批評、指責自己？」

「我不能照戒律生活，所以罪惡感很重，覺得自慚形穢。」

「你對於戒律的解釋符合現實原則嗎？是用你的智慧來解釋它嗎？」於是為他解釋戒律不是拿來綑綁自己，而是拿來當作指引，保護自己免於錯誤。它的目的是為了啟發了了分明的般若自性。他頓了頓對我說：

「可是每天我都覺得在犯罪，而自責到什麼事也不能做。我沒有智慧，真該死！我知道自己有問題，但跳不出來。」

「戒律是要我們避免錯誤，勇於改正，而不是要我們自責罪過。須知戒與智慧不可分離；罪性本空，因果亦空。」

於是我為他解釋《中觀論》中的空、假、中三觀，要他了解以沒有成見、偏見的空性之智慧（空），來覺察看生活中的現實（假），才能得到如理的實現（中），這才是真正的生活調適之道（修行）。經過一段時間的諮商，他從過去心的執著中，慢慢走了出來。

其次，現在心是指當下的現實和分析。人若只有現在心，而失去過去心的種種經驗，會變得缺乏生活經驗，失去是非羞惡的能力，變得現實、缺乏責任和生活規範。現代人太重視現實，所以被聲光色情所引誘，被功利和現實所左右。只懷現在心的人，缺乏自我控制的能力，沒有適當的該與不該的堅持。目前青少年流行著「只要我喜歡，有什麼不可以」的口頭禪，正是偏向現在心的寫照。

這個時代的文化太講現實，不講公義和責任。對於羞恥、懺悔和道德感極度缺乏，於是偏差行為、犯罪和冷漠成為時代病。尤其在教養子女時，對於生活規範和道德規範的摒除，是造成青少年迷失和犯罪的主要原因。

有些人因為缺乏道德的使命，反而覺得生命的意義越來越模糊。道德的教誨和生命的價值是分不開的；生活規範和紀律，也是生活所必須的。目前，我們社會所遭遇的問題是：青少年普遍缺乏生活的紀律，浪漫使他們變得脆弱；缺乏生活規範和堅持，則造成堅毅力的消失和挫折容忍力的匱乏。

現在心強調的是現實、感性、功利與分析，它給我們開放的現實世界，但若偏執於現在心，則又流於功利和享樂，而疏於道德的責任與實踐，這是現代人沮喪、脆弱、焦慮和空虛的根源。這個根本現象，表現在青少年身上，成為青少年的煩惱、徬徨和犯罪；表現於家庭，造成家庭功能的式微；表現於經濟生活，則造成了潛在的不安和危機。

太現實造成了心靈的絕望和蒼白，造成短視的人生，反而看不出寬廣的人生視野和價值。

其三，未來心是指對生命未來的仰望，是一種好奇、歡喜和期待。它給我們快樂和希望，給我們超越現實的遐思和憧憬；它讓我們有理想，會作夢，仰望著一個全新的未來和視野。

有了未來心，我們才會接觸到極樂世界和天國；有了它，我們才會對現在負責。健康的未來心，來自童年的情緒經驗。人如果在童年時期，有較多愉快、好奇、探索、溫暖和支持的經驗，獲得較健全的愛和主動嘗試的成功經驗，較容易發展出充滿希望的未來心，它引導一個人積極振作。

彌勒菩薩代表著未來心，祂的全名是當來下生彌勒尊佛，亦即將來要成佛，是通往未來的希望和微笑。因此，祂笑容可掬，祂大肚能容，祂豐腴的兩頰，顯露著生活的自在、愉快和光明面。因為祂結合了過去、現在和未來的希望。

不過，一個人若缺乏過去心和現在心，徒有未來心，又是怎麼樣呢？那會變成空想，或者陷於沮喪的情緒。他的未來心缺乏過去和現在的良好基礎，認為未來是可怕、沒有保障的，於是陷入對未來的絕望。就我所見，在成長過程中受保護過多，缺乏生活經驗，以及疏於管教的孩子，對未來的期許和嚮往較不帶勁。

對於未來空虛的人，既是蒼茫的，也是沮喪無望的，從憂鬱症和自殺患者的研究中，就可以看出愉快情緒經驗極為缺乏。長期陷入無助、懼怕和不安之中的人，就會發展出對未來的絕望，對現實的沮喪和對過去的懼怕。

「我沒有明天，因為我沒有希望。」這是無奈者的座右銘，即使並未遭遇什麼困難也會這麼說。反之，一個抱著未來希望的人，即使陷入困境，也會奮鬥努力，他們的座右銘是：「看！成功在望。」

唐朝的德山禪師，精通《金剛經》，從四川挑著《青龍疏鈔》，準備到中國南方找禪宗大師辯論。他在路上向一位老太太買點心吃，老太太問他：「你挑的是《青龍疏鈔》，想必對《金剛經》研究甚深，我問你經義，答得出來，免費送你點心；答不出來，請到別處買點心。請問，經上說：『過去心不可得，現在心不可得，未來心不可得。』你點的是什麼心？」

德山茫然不知怎麼回答，只好餓著肚子，離開那兒。這是一個很有啟發性的公案。人不能執著於過去心、現在心或未來心，但也離不開過去、現在和未來，只有三者得到協調，才會大開智慧之門，才能回答生命的問題，才有點心可以吃的福報。而三者的協調，必須是超越的，是智慧的空性才能整合它。

過去心、現在心和未來心，是我們待人接物信念的來源，要契合它，超越它，但也離不開它，而正確的生活信念，也從這裡看出端倪。

4 對現實生活的覺察

在生活經驗中，影響觀念最多的，莫過於人際關係、文化與宗教。信念如果是正確的，則能給我們毅力，去實現目標，完成健全的心智成長。

人從自己的遭遇中，不斷蒐集訊息，加以解讀和歸納，形成信念，再用它來研判生活情境，認知周邊的人際活動和發生的事件。如果信念不正確，那麼往後的生活反應，也跟著出現問題。

人會覺得痛苦、適應困難和情緒困擾，往往是因為自己對生活現實的錯誤判斷，所造成的慘痛結局。比如說，悲觀的思考習慣，就是過去曾遭遇不幸事件的人，一直延用該次遭遇，類推到生活的每一層面，把每一件事都看成危險，而不由自主地想要逃避，或者產生受害、失敗的懼怕和焦慮。不安和懼怕所帶來的壓力，會把一個人困住，失去主動嘗試的勇氣，更會抑制清楚的思考和創造力，於是消極的態度，使一個人成為籠中物。

在生活經驗中，影響觀念最多的，莫過於人際關係、文化與宗教。人際是自己和別人的互動，我們用過去得來的信念，解釋現在的人際互動；如果信念是偏差的，則現在的人際互動也就發生問題。文化與宗教往往以集體潛意識的形態，深深地塑造人的意識觀念。因此，迷信的宗教和特殊的文化意識，對一個人的心理生活，具有決定性的影響。

基本生活觀念，對於當事人而言，是信以為真的，是不可改變的。他運用這個觀念，去衡量種種事物，做為指引進退應對的準繩。無論正確或錯誤，都會抱著不放，以之為依歸。所以《唯識論》上說：

邪正等教理，
證力於所取境，
審決印持，
由此異緣不能引轉。

在大專學生之中，人際關係是主要心理困擾的來源。就社會青年而言，也不例外。依我的推估，社會上人際關係有困擾的人口殊多；它導致婚姻破裂、同事衝突、生活品質下降，最嚴重的是從人際關係中退卻下來，成為失愛和孤獨的焦慮狀態。

我常碰到孤獨不安的年輕人，他們劈頭第一句話是：「我的人際關係有了問題。」一位孤獨者，會無助地敘述：「我不曉得怎麼跟別人交往，別人才會喜歡我。」他把人際關係解釋成要「得到別人喜歡」；於是在「討好的行動」中，顯得跟別人不能契合，從而產生挫折和人際懼怕。一位疑心病者，認為別人會出賣自己，所以很沮喪地退卻下來，絕望地不再交朋友。

一位年輕人來晤談，他相信別人會不斷地出賣他，所以不敢說真話，不願意跟朋友親密的來往。他成為一位孤獨、沒有友情的困擾者。在談話中，陳述自己的經驗：他原是一位熱心的人，在同儕之中有說有笑。後來，同儕朋友對他有了怨言，甚至批評責罵他說了別人的壞話。他說：

「我服務他們，說真話，並沒有絲毫惡意，為什麼他們會把我當成眼中釘，說我的不是？我對人真誠，說了真話，他們卻出賣我。」

「你說了什麼真話？能否說得具體些？」

「比如說，有一位同學打算跟某甲合作寫研究報告，我告訴他有關某甲的缺點，沒想到這話傳開來，得罪了朋友，別人也跟著責備我。」

「只為這件事情嗎？或者還有類似的事件。」

「就這麼一件事情，已經弄得眾叛親離了。」

「就因為這件事情，你就不敢再相信別人了？請注意，你用一次不愉快的經驗，來推論所有的朋友都不可靠，你認為合理嗎？固然不錯，這一次經驗給你的打擊很大，但只這一次，就認為所有的人都不可靠，都不能接近，這樣的推論科學嗎？」

「啊！是不科學，但我總認為如此。因為我很窘，很在意這個不愉快經驗。雖然只這麼一次！」

「你認清了它只有一次，所以現在你要打破原有的推論，努力去粉碎它的不合理，要設法去證明它是錯誤的判斷。」我停了停，看他正在沉思，接著問他：

「現在，你知道該怎麼做了嗎？」

「把錯誤的觀念拋棄，試著跟大家來往，但要小心自己的說話。」

於是，我們花了許多時間討論人際溝通。我教給他人際互動的原則。最後，我要他歸納討論的要點，他列出：

● 要相信絕大部分的人是善良的；不過，對於少數的例外，要用寬恕的心來看待它。

● 良好的人際關係是經營來的，不是自然得到的；經營的要領是給人關懷，給人協助，尊重對方，多了解體諒對方。人需要時間相處，要有機會接觸才能建立人際關係。

● 談話的要領，要注意多著眼於事，少傷及人；多談正務，少涉及閒話，這樣就可以遠離是非。

● 多欣賞和讚美你的朋友，但必須真實，而非灌迷湯；不做人身批評攻訐，但可私下做善意的規勸。

最後，我建議他去參加一次人際互動的團體聚會，從中可以學習到較好的感受性，知道如何正確回應別人。在他離開時，我告訴他：「任何生活中發生的挫折，都是帶給你智慧和成長的天使，要迎接它，理性思考它，不宜以偏蓋全，做錯誤的推斷和歸因。」

宗教與文化對人的觀念，影響尤其深遠。透過極權宗教的形式，用恐嚇威脅的手段，強制信徒服從，如有違背將受天譴雷誅，這樣的信仰方式，使人長期生活在恐懼之中。人要行善是值得肯定的，但人不可能十全十美，這種信仰方式，容易造成道德強迫症。這使人每天生活在懼怕之中，懼怕自己不道德，懼怕被神祇處罰。這種現象是迷信，而非正信的宗教。

有一次，一位大學生來找我晤談。他怯生生地說：「老師！我開始有宗教信仰，以為這可以解除我的空虛。但現在信仰卻給我很大的恐懼。」我看他焦慮的眼神，缺乏精神力的儀態，大感驚訝。他說：

「我得到祂的印心，將永遠是祂的信徒，不能違背祂，離開祂。如果我離開祂，就會受到譴責，不得好死。我越來越不喜歡這種信仰，知道祂違背常理，想脫離祂，但很怕祂會來找我報復。」

「你想會嗎？祂說的道理，連通過你理性思考的檢驗都有問題，你相信祂會報復你嗎？」

「我是不相信，但我會害怕。」

「既然不相信它是真的，為何害怕！」

「心裡毛毛的。你能給我一點指導嗎？」

「我不可能給你什麼，因為你已覺醒，只是還留有錯誤的信解，而影響你的心態，如此而已。建議你，當你在擔心懼怕時，只要念著『南無阿彌陀佛』，即可免於受難！」

於是，我教他念佛。告訴他這句話的意思是：「歸依無量光明的正等正覺，同時也是永遠慈悲，能啟發你步向幸福人生，看出人生價值的一尊佛。」他有了正信之後，漸漸卸下他的懼怕，努力學習當一位有智慧的覺者。

信念如果是正確的，則能給我們毅力，去實現目標，完成健全的心智成長。信念若是錯誤的，它將帶給人錯誤的執著，誤導其人生走向歧途。所以，我們要注意檢討，要用般若智慧來覺照，人生才會有光明和幸福。

5 工作與生活的平衡

成功者不但會工作，也會休閒，更知道家庭之樂。喜歡自己的工作，以及多方面的生活，是最主要的關鍵。

人要維持生計就得工作。工作能使生活充實、有意義、有價值；工作是生活的一部分，更恰當的說，工作即是生活。

當工作過度投入，脫離生活常軌，而成為工作狂時，生活的樂趣也就蕩然無存。反之，生活於享樂，或者渾渾噩噩過日子，不肯從工作中體驗成就感的人，也會變得精神空虛，造成心理困擾。

過度辛勤的工作狂，不知道休閒，不懂得放鬆，沒有心情享受家庭之樂。他看起來孜孜不倦，急急忙忙，情緒總是急躁或冷漠。這些人容易失掉創意，事業不易有好的發展，其身心健康亦大受影響。抱持這種態度的人，大都是A型性格的人（tape-A personality）。他們極端苦幹，把家庭生活完全抹煞。他們即使早年成功，但往後則缺乏創意，精神體力不繼，不免步上挫敗之路。

工作狂的性情急，情緒浮躁，自我中心強，難得接受別人的建議。他不容易體會別人的感受和想法，所以得不到愛與支持，往往變成一個冷漠的人。由於長期不眠不休，強迫自己工作和追求，因此顯得匆忙、敵意和不耐煩。他犧牲了生活情趣，缺乏生活的快樂。如果你有了這種工作態度，必須設法改正，要學習從容、幽默和友善，在生活中培養情趣，並注意培養欣賞別人和支持別人的雅興。

與工作狂相對的是遊手好閒的人，他們不愛工作，拈輕怕重，耽於享樂。他們為自己的不情願工作，提出辯護說：生活應該是快樂的，辛苦的工作，何苦來哉。這些人即使謀得一職，也會敷衍塞責，不肯投入。平時表現唯唯諾諾，不肯用心工作。我看過許多這種人，他們按章辦事，準時上班，準時下班，目的就是討一碗飯吃。在一般機構裡，可以看到這樣的人，他們不但對該機構有害，對自己一樣有損。

拈輕怕重者或許會說：「我的家庭和嗜好，比工作更能給我滿足。」實際上這些人性情未必高雅，待人未必慈悲，生活也未必真有情趣。他們往往顯得意志消沉，家庭生活也受到負面影響。因為，他對家人也抱著同樣不負責的態度。

拈輕怕重的生活信念，對於精神生活有害。那些工作不力、平時有虧職守的人，特別容易消沉和失眠。有時為了躲避無聊，只好沉迷於聲色之娛或賭博。他們生活在墮落之中，卻安慰自己樂在生活；陷入消沉的泥淖，卻強作歡顏說不必把人生看得太嚴肅。

特別是新一代的年輕人，在富裕社會中長大，習慣於安逸，不習慣於辛苦。可是現實擺在眼前：生活是一個艱辛的歷程，必須承擔責任，更要辛勤付出，然後才能享有豐富的人生。現實的挑戰和拈輕怕重的習性，就形成了嚴重的心理衝突。

這兩種信念或態度，對於精神生活，可能構成嚴重的威脅。因此我們不禁要問，什麼樣的生活態度才正確？美國加州大學心理學家查爾斯・加菲爾（Charles Garfield）曾研究過一千多位各行各業成就非凡的人，發現他們具有共同的特質，茲歸納如下：

- 懂得過多方面發展的生活：雖然他們努力工作，但不會被工作綁住，知道如何輕鬆，重視家庭生活，與朋友交往。
- 喜歡自己的工作：選擇喜歡的工作，較能發揮自己的天賦長才；但工作未必全是喜歡的，你必須去調適它。

- 投注於工作：凡事要做準備，預先想好怎麼做，就能得心應手。工作的態度是專心做好它，但不以十全十美來苛求自己。
- 肯冒險：只求安全，懼於冒險一試的人，很難突破事業的僵局。冒險時，要想像可能的最壞情形，問自己怎麼辦？受得了嗎？受得了就去做。
- 不低估自己：專注於自己的感覺、能力和企圖，並培養信心。
- 要與自己競賽，不與他人競賽：能結合更多的人，群策群力，才能夠超越過去的成就。

以上成功者的共同特質，表現出正確的生活和工作態度。這六項特質既包含了工作，也兼融了生活。成功者不但會工作，也會休閒，更知道家庭之樂。他們喜歡工作，努力工作，但卻不會苛求自己。他們肯冒險，但一定先想想自己是否吃得消。他們與人合作，以超越局限，而不是為了競爭，弄得筋疲力竭。在這些生活與工作的信念中，喜歡自己的工作，以及多方面的生活，是最主要的關鍵。

喜歡自己的工作，是許多人求之不得的事。生涯有困擾的人常問道：「怎麼找工作？」我總是告訴他：「要依自己的興趣、能力、環境與現實，去找工作，去發展未來。」有一次，一位年輕人問我：

「我知道這些原則。不過，我喜歡的工作，不是不缺人就是自己資格不符。能找到的工作，又都不是所喜歡的。這怎麼辦？」

「你喜歡什麼工作？」

「我喜歡當公務員。」

「為什麼喜歡？」

「因為公務員工作安定，比較有保障。我不喜歡複雜沉重的工作，也不想發財出人頭地，當公務員比較單純。」這位年輕人所喜歡的是安定、有保障和簡單的工作。

事實上，他沒有認清，公務員每天要處理大眾的事，並不如他所想像的安定和簡單。我了解到，他沒有認清工作是要付出；更沒有領會到，只有付出，看到成果，才有成就感。顯然，像他這樣消極的個性，往後也不容易嚐到工作的成就和喜樂感。即使真的當了公務員，也不會是盡責、有創意、能為社會服務的人。

我接著說：

「那麼，喜歡當公務員，就好好去考高普考吧！」

「我考不上。」他無奈地笑一笑。

「那你會什麼，就先去找你會做的事。」我舉一些不需要特別專長的工作，如商店的售貨員、送貨員等等。他頓了頓，告訴我說：

「這些工作我不喜歡。」

喜歡某種工作不是一種奢望，而是真正能把它做好的衝勁和企圖心，這才能在工作中得到滿足感。這位年輕人所想的工作，只是一種消極心態的投射，他並非真正喜歡當公務員。

工作是一種現實，它不可能盡如人意。因此對工作要有一個信念：認清自己工作的價值，投以熱忱，從中學習成長，就會有成就感。這才能夠把工作和生活融合起來，形成積極的態度，過實現的生活。也只有這樣，事業才會成功，生活才覺得豐足歡喜。

你現在做什麼工作，就得設法去喜歡它，只有喜歡才令你心甘情願，工作才會帶勁，生活才覺得幸福。一位建築工對我說：「喜歡也要工作，不喜歡也要工作，為什麼要抱著不喜歡的心情上工呢？你看，我白天在工作中有說有笑，回家則與家人共享天倫樂，然後我享受一夜酥甜的睡眠。這已讓我得到滿足，並得到阿彌陀佛的嘉許。」

工作是無分軒輊的，有人做管理的工作，有人做技術性的工作；有人勞心，有人勞力；有人出資，有人出力。這個社會有偌多的工作機會，無論你投入什麼工作，要努力去做，要學會從工作中看到價值和歡喜。工作必然是艱辛的，但辛苦之後，可要用歡喜的態度去生活，去領略生活的無盡意義。

6 信念左右命運

每個人心中都有一套信念，它就像電腦裡的軟體，在處理我們日常生活的訊息，它能載舟，亦能覆舟，關鍵在於它是否正確。

每個人對於自己的生活，抱持一套基本信念，它就是唯識論所說的勝解。信念衍生成價值判斷的依據，以及待人接物的基本態度。比如人一旦相信別人隨時會傷害自己，那麼冷漠、防衛、敵意和操縱等行為，就會成為他的生活方式；情緒上的不安和焦慮，自然浮現出來。反之，則表現出愛與溫和的態度。

人總是用自己的信念，去處理生活。如果認為有價值的東西，是從外頭追求來的，是從別人的肯定中表現出來的，這個人就有了外控的行為。反之，認為有價值的東西，是來自內在的肯定，那是內控型的人。前者喜歡往外追逐，後者樂於堅持自己的想法。前者期望博得別人的喝采，容易跟著別人走；後者則傾向自己的肯定，容易自以為是，孤芳自賞。

從另一個角度看，有些人的基本生活態度是操縱，他喜歡演控制戲，用各種心機和手段，來博取別人的信任、肯定、同情和支持，他不能自得其樂。有些人則表現出實現的態度，他們把人和生活當成目的，也能真誠地表露自己的感受，他能體驗當下生活的現實性，無需做虛偽的操控和掩飾。

有些人的基本生活態度是對立，發展成敵意，只以利害關係來評斷彼此的互動。有些人則從愛出發，樂於支持別人，與人分享歡喜，能在生活之中體驗真實的生活。疏離和愛兩種勝解，在生活上有很大的分野。有什麼樣的勝解，就有什麼樣的生活和感受，它影響人生殊大。《唯識論》上說：

云何勝解？
於決定境，
印持為性，
不可引轉為業。

勝解是什麼，行動和心境就會是什麼；碰到任何情境，如果勝解沒有變，他的行為和情緒狀況（二者都是業）也大抵不變。

一位憂心忡忡，來自鄉下的中年男子，對我談起他的困擾。他說，他們的宗族祖墳，每年依房序輪流掃墓祭拜，今年輪到他們掃墓祭祖。未料，另一房子孫已經偷偷搶先掃了墓，祭拜完竣。「為此，我非常憂心，據說，祖墓被偷拜了，就會有霉運，就會衰落。」看他憂心的樣子，令我感到意外，想著這樣一件事，竟能引起心理恐慌。在聽完他的傾訴之後，我說：

「你認為你們的祖先會很小氣嗎？只保祐掃墓的人，不保祐沒有掃墓的子孫嗎？」

「大概不是吧，據我所知他們生前都是公平的。」

「好，那就不用擔心了。請你再想想，如果你的祖先有知，在你還沒去掃墓之前有人先去掃墓，幫它打掃得乾乾淨淨，搶著盡孝道，你認為那是壞事嗎？」

「應該不是。可是我有霉運呀！」

「什麼霉運？你的祖先會處罰你準時掃墓？或者因為另一房的人搶先去掃墓而處罰你？你的祖先是專找子孫麻煩的嗎？」

「應該不是這樣吧！」他茫然地鬆動原先的想法。

「那麼應該是怎麼樣才合理？為什麼要掃墓。」

「我想是為了慎終追遠，為了不數典忘祖，盡一點後代子孫的孝道吧！」

「那麼你的族人先去掃了墓，有什麼不好？」

「他搶了頭功，我心裡不安。」

「那是你的想法，而這個想法跟掃墓的目的並不相干，不能混為一談。你何不換個想法：『啊！我的祖先真有福氣，後代子孫爭著要孝順他們，為他們掃墓祭拜。』」

「老師！你是說這事情不會造成霉運？」

「既然它是好事，何來霉運！」

「他們搶著先去掃墓祭拜，居心不良，不是嗎？」

「那是他們的事，由他們來承擔。你要從你的善良去看這件事，一切都會變得光明，變得歡喜。」他坦然鬆了一口氣。

鄉下有許多生活上的禁忌，原先只是因時制宜的規範。日子久了，變成了一種危言聳聽的大忌諱，於是造成恐懼和焦慮。有時，這些禁忌會衍生更多穿鑿附會的傳說，帶來許多心理上的障礙，使理性的思考遭到嚴重壓抑。佛陀在《阿含經》中所謂戒禁取見，所指的就是這類障礙理性思考的觀念。

勝解必須建立在般若自性上，要用理性來覺察和觀照，用正見去看人與事，才不會迷失，做錯誤的判斷，造成煩惱和痛苦。正確的信念，就是覺觀的態度，它讓我們保持了了分明，不淪陷於無明。唐朝的神會大師說：

知之一字，
眾妙之門。

勝解要建立在智慧的覺察與觀照上，而不是建立在囫圇吞棗、穿鑿附會上。事業遇難題，要檢討原因，設法改善，而不是歸因於風水和運氣；身體有疾病，要了解原因，治療病症，改正生活作息，調整飲食習慣，這才是正確的勝解。

勝解的基本信念，如果建立在「知之一字」，就能解決問題，累積正確的經驗，從而發展智慧。生活就朝著光明面發展，思考自然清楚，對種種挑戰的回應能力亦隨之提高，這就叫佛日增輝，就能福慧增長，因為福報與智慧分不開。

懼怕的情緒是一種與生俱來的天性，但是如果懼怕和自我防衛，成為生活的主要信念，那麼緊張、敵意和焦慮，將充斥你的心靈世界，你的想法和行動，會變得痛苦、退卻和悲觀，甚至產生不健康的人生。如果你認清人生的本質，是為了實現這一段獨一無二的生命歷程，那麼你會放下懼怕，改用迎接的態度生活，喜樂和充實感也就增加。所以說：

懼怕一字，

眾惡之源。

當懼怕控制了人的心理世界，一切生活事件都變得緊張焦慮，這不但壓抑了創意，同時也是心理疾病的肇因。佛洛伊德說：懼怕是世界的門——人若懼怕就會把門關上，而退縮在自己的碉堡裡；若勇於了解、嘗試和實現，美麗的世界就在眼前。

人越是懼怕，越懷抱敵意、自私和自我中心，碰到任何事情都會變得焦慮，心理失常，判斷錯誤。越是看清現實，越能把想像力用在了解事物和創意的實現上。每個人心中都有一套勝解，它就像電腦裡的軟體，在處理我們日常生活的訊息，它能載舟，亦能覆舟，關鍵在於它是否正確。

叁

新觀念與活知識

知識是解決問題的工具，豐富的知識是成功人生的必要條件。

我們透過學習和生活經驗，不斷累積知識，並促成知識的不斷改造，使解決問題的能力增加。

我們心中所儲存的知識、觀念和訊息，唯識論稱它叫念。並認為個人會隨時憶起過去所學過的經驗和知識，而定著於所面臨的情境或事件，產生思考的作用。所以《唯識論》上說：

云何為念？

於曾習境，

令心明記不忘為性，

定依為業。

人曾經學過的東西，都會儲存在記憶裡，成為解決問題的工具。人類的經驗和知識，能不斷傳遞和累積，是由於「念」的記憶作用。

但是個人所學習的知識和觀念，隨著情境的變遷，可能會失去它的功用。因此，要維持它的效能，必須不斷學習新知和新觀念。從唯識心理學的觀點看，生活的情境是無常的，是不斷變化的，過去的知識不能保證有用。因此要用智慧，不斷重新檢討和發現新的解決問題方法。

於是，新觀念和新知識，成為有效面對新挑戰的工具。知識是有結構性的，構成「知識體」的因素是一個個具體的觀念。而每一個觀念，不但要有清楚的內涵，還要明示實例、屬性和功效，這樣才使觀念具體化，並構成有用的知識。至於臆測、囫圇吞棗的知識，不求甚解的空洞觀念，在現實生活中，是沒有什麼價值的。本篇主要的重點包括：

第一是注意你的腦袋裡裝的是什麼。有些人裝的是活用的知識，儲存得有條理，提取和運用方便；他們的頭腦清楚能幹，而且不斷擴大吸收新知，生活效能良好。有些人腦袋裡裝的是臆測，或雜亂無章的資訊，既不容易有效提取和運用，又與現實生活格格不入，就不能有效解決生活和工作的問題。

此外，就學習新知的態度而言，防衛性高和自我中心重的人，學習的阻抗作用強，他們經常把重要的警訊忽略帶過，而造成嚴重的挫敗。因此，在這一章裡，特別提出如降低自己的防衛機制和培養聆聽的技巧。

其次是把握活用的觀念。除了清楚地解釋具體觀念的構成要素之外，特別重視活用的觀念。我們從書本中所獲得的知識，往往不能活用於生活和工作上；必須透過實務、工作和經驗的磨練，才能發展活用的知識。所以說，「只要你覺得自己有相當的能力，便可投身於一種職業，而在工作中學習。」更具體的說，「一切事理的真實性，並非可以成套學來，所以要在行動中，在嘗試試驗中，去發現它的真實性。」當然，越是真實性的知識，也越具有實用和活用的價值。

學習有用的知識，未必盡是快樂的。我們不能對「快快樂樂的學習」抱著太高的期望。真正學習的動力是激勵和練習，等到學會它，能活用它，自然感受到學習的快樂。至於學習活用知識和記憶的技巧，本章亦做重點提示。

其三是獲取三種實用的知識。掌握一項實用的知識，比你記誦十則刻板的知識，要來得有價值。它能在生活與工作中，直接產生作用，能給自己帶來殊多好處。

生活與工作中最重要的實用知識，包括思考、活力和習慣，它們是：培養觀察、思考和求證的能力；要有經營活力的知識；和培養好習慣。

特別是經營活力部分，更要從行動中培養良好情緒的活力，從克服倦怠中激發潛能，從努力工作中孕育活力。生活在現代社會裡，若非靠著思考的能力，很難有效適應社會的快速變遷。缺乏活力則無以應付繁複、競爭和講求效率所造成的壓力。如果沒有養成好習慣，能力和知識都不能化為行動。

其四是要懂得人情世故。人情世故是建立良好人際關係的知識。它常被誤解為送禮、鄉愿、奉承和迎合權威等行為特質，以致許多人置它於不顧，結果在待人接物上，反而顯得自大，不通人情。

其實，人情世故的知識，能給別人帶來自尊和自信；自己佔了上風，卻能給別人台階下；要堅持自己的原則時，能給別人機會迴旋；在拒絕別人時，會婉轉而不傷情面。要做好人情世故，必須注意：覺察別人的角色和立場；為自己負責也能為別人負責；學習包容的雅量。

懂得人情世故，能結合許多人的力量，眾志成城。更重要的是它給了我們人情味，這種情趣能增進彼此的了解和關懷，是發展愛心的基礎。

第五是學習新知要有伴才好。透過團體動力，大伙兒一起學習，比單獨一個人學習效果要高。它能激發興趣和動機，引起彼此的討論和啟發。研究發現，越是孤單的人，學習往往越有困難；獨學而無友的人，往往是孤陋寡聞的落寞者。

因此一個人必須有好學的朋友，才能引發自己進步；一個企業機構必須是學習型的組織，才能引發創意，開拓新局；一個家庭必須是學習的小團體，才能激發進步好學的氣氛。學習固然是由個人主動去做，但是團體或小組的動力，卻能維持高動機和高效率。

最後是提防錯誤的知見。有些人以為自己知識豐富，一向能幹，腦子清楚靈活。其實，只要稍有疏忽，聰明的人一樣會幹出傻事來。我們在生活中所學的知識，在失察之下，會誤用，而做出糊塗事。因此，在生活中要提防：孤注一擲的衝動，心存成見和敵意，陷入刻板的思考，以偏概全的想法，鑽進惡劣情緒的死胡同。

這一篇的重點是觀念與知識的學習。它是生活與工作的工具，有了它就能適應變遷的現代社會，有了它才能實現自己的人生。

1 注意腦袋裡裝什麼

為了避免自己腦袋裡裝的都是舊貨，必須保持傾聽、觀察和接觸現實的習慣。這是不斷更新資訊、確保良好適應能力的良方。

知識是生活的工具，也是成功的憑藉。

每個人的腦袋裡，都裝了一堆資訊。有些人裝的是有用的知識，儲存得有條有理，提取和運用方便；他們頭腦清楚能幹，而且不斷擴大吸收新知，保持心智成長，生活效能表現良好。有些人腦袋裡裝的是臆測，或紛亂無章的資訊，既不易有效提取和運用，又與現實生活格格不入；他所記憶的資訊，在生活現實裡不能發揮功能，也不能有效解決生活和工作問題。前者我們稱它叫正念，後者稱它叫邪念。

念就唯識論的觀點言，就是人所記憶的資訊。人若能有效記憶、儲存、提取和運用正確的資訊，心智功能就健全，基本生活就沒有問題。反之，如果資訊是錯誤和紊亂的，適應環境當然就發生困難。《唯識論》上說：

云何為念？
於曾習境，
令心明記不忘為性，
定依為業。

人所接觸到的人、地、事、物，乃至思考的方式和判斷，都會變成記憶的資訊。這些資訊經過整理，便成為觀念和待人接物的原理原則，乃至成為生活的基本勝解（信念）。資訊構成觀念，據以為解決問題的工具。

錯誤不實的資訊，會帶來生活適應上的困難和挫敗。從諮商個案中，可以發現父母所說、所做、所表現的親子關係，對孩子的人格和智能，具有決定性的影響。觀察那些被疏忽、被虐待的孩子，其焦慮、退縮或攻擊性特質，幾乎非常牢固，定著在扭曲、僵化和非理性的錯亂之中。等他們到了青少年時期，想改變，困難度則甚高。

有些人從幼兒開始，父母或親人就沒有給他愛、給他歡笑和教導，遑論教給他好的習慣和生活規範。他定著在冷酷、敵意或雜亂無章的行為模式裡，學校的老師、心理輔導者和諮商專家，都會對這些孩子，特別感到棘手。

相對的，那些受到良好教養和愛的孩子，他們擁有豐富的資訊，具備良好的習慣和自我功能。這些孩子就幸運多了，因為他們適應好，能累積更多成功的資訊，在心智成長上，自然表現得傑出。傑克・卡尼（Jack Kearney）曾描述他們一家人成長的過程說：父親身無恆產，為人耕種棉花田。但父母親鼓勵十七個孩子上大學，結果十五個完成大學學業。他們帶著孩子一起努力，孩子們從小就能幫父母親的忙，即使是幫了倒忙，父母親也帶著他們一起認真做事和學習。

傑克的父母親在下工之後，邊做家事，邊教孩子唱歌、唱聖詩，並念文章給孩子聽，解釋報章中的新聞，幫助他們學習。他們教給孩子生活的能力，也教給他們期望。父親對老大說：

「等你上大學時，你就是我們家的開路先鋒。」

孩子們也因此學會互相鼓勵，共同期望美麗的未來。他們在一起工作時，很自然流露出彼此的共同信念。有一天，傑克光著腳，拖著一大人用的鋤頭，跟著上棉田去工作。姊姊在途中對他說：

「傑克！等你上大學時，我就已經拿到學位了，到時候我會幫助你。」

當然，他們一家人的成就，並不是輕易得來的。我在閱讀這篇故事中，深受感動。因為這個家庭正是現代人所謂的學習型家庭。他們不斷創造正確的生活經驗，在交談中給予每一個子女正確的態度，而形成穩定強大的精神力量。在這個家庭中你看不到不切實際的奢望，看到的都是腳踏實地，一步一步去克服困難的毅力和實踐精神。

一個家庭若能恆常保持高品質資訊溝通，這個家必然會活潑、健康，開展出幸福的花朵。企業或團體也是一樣，如果每一個成員，都有良好的工作觀念、正確的資訊和不斷發現新知的能力，成長和效率是很自然的事。

有一次，我應邀參加一個團體的工作討論會。負責人主持會議，連同頒獎和討論議案，總共不到二十分鐘就結束了。我第一次參加這個活動，只覺得莫名其妙。在這個會議中，主持人既沒有帶動組織氣氛，也沒有激勵士氣，更沒有把工作理念和重要訊息傳遞給成員。我發現這個團體之所以還能表現得好，不是靠這位冷漠的主持人，而是少數幾個成員的熱情可感；在開過會後，他們自動討論，把工作推動起來。

個人和團隊所表現的適應力，在本質上並無不同，缺乏資訊和熱忱，必然導致錯誤和頹廢。人如果不了解別人的需要、感受和興趣，就無法領略行事的正確信息，到頭來抱殘守缺，死咬住自己的成見，就會陷入困境。所以，人要隨時保持接收資訊，了解問題，讓自己腦袋裡裝的是正確的資訊。

為了避免自己腦袋裡裝的都是舊貨，必須保持傾聽、細心觀察和接觸現實的習慣。這是不斷更新資訊、確保良好適應能力的好方法。為了獲得豐富的正確資訊，建議你：

首先要防範阻抗作用。有時，我們會把重要的忠告當作耳邊風，根本沒有聽進去，那就是阻抗的心理在作祟。我們經常對瞧不起、看不慣的人，或者你不喜歡的人，不加思索地排斥其意見。尤其自我中心強的人，更容易被阻抗的心理所害。一位馴馬師對騎師說：

「這匹馬在開始時，要緊跟在後，最後階段才策馬加鞭。」

「喔！」騎師根本沒有聽進去，倒是把眼光放在另一匹馬身上，「我一定要贏那一匹馬！」比賽結果他慘敗，因為他沒有聽進去正確的訊息。

阻抗使人聽不進忠言，也失去學習新知的興致。因為缺乏應付情境的新知，這時很容易被過去的觀念所左右，以致落敗。我看過偌多青少年，他們不聽老師規勸，不接受父母的管教，他們的阻抗情結很強；阻抗越嚴重，越容易而走險。

阻抗來自長期的厭惡性管理，比如體罰、羞辱和責罵都會對孩子產生不利的影響。父母師長對孩子的管教是必要的，但若方法失當，造成敵意時，就形成孩子封閉的心理作用，以致對新的知識和學習，有了抗拒和逃避現象。這在管教孩子上，殊值注意。

不過，成人就不應該像青少年一樣，停留在反叛的行為模式裡。必須練習集中精神去聽、去思考和分析事理。這能使自己接收到新知和正確的觀念，從而養成理性的行為模式。

其次是聆聽。善於聆聽，能引發別人對自己說真話。人要廣開言路，該聽到的訊息很多。你不能只聽老闆的話，只聽下屬的話，或只聽同事的話。人要像順風耳一樣，自然的聆聽，專注地聆聽，明白個中的弦歌雅意。

如果你是冷漠的人，不曾真心去關懷過別人，不曾跟別人交心地相處、打招呼，不習慣隨和地攀談幾句，那麼有話想跟你說的人，會在你面前欲言而止。一位主管對部屬說：

「我們像大家庭，有話隨時來跟我說。」說話時表情嚴肅刻板，語調冷峻，更談不上熱情的笑容。這時，全場鴉雀無聲。主管熬不住這種寂寞，說：

「好！各位有意見，可以隨時到辦公室找我。」然後走開。主管才走出辦公室，同事開始竊竊私語，好像有什麼建議。同事甲說：

「剛剛為什麼不向老闆建議？」

「你也是知道的，剛剛你為何不說。」兩人相顧失笑！

這位老闆想廣開言路，但他沒有舖設網路，想聽也聽不到別人的建言。其實溝通的網路，是透過對人與事的熱心建立起來的。

我們可透過觀察、閱讀、聽聞等各種管道得到正確的訊息，但聆聽的技巧卻非常重要。我認為聆聽必須把握：

- 把說話的人放在眼裡，尊重他，專注地聽，不打岔。
- 提出問題請教，把別人想說的事弄清楚。即使看法不同，意見相左，也不採取辯駁。
- 切忌妄下結論；聆聽別人的意見，並非要照單全收，也非不容異己，而是幫助自己了解事理，解決問題。無論如何，聆聽時要表示謝意和恰當的恭維。

●透過情誼和信賴，容易得到真心話，較能掌握事務的推動。

腦子裡所裝的資訊，都會存在記憶庫裡，再三不五時提取出來使用。因此，裝入的資訊必須正確，必須不斷更新，這是維持良好生活適應之道。儒家說要「非禮勿視」又要「非禮勿聽」，要「溫故」又要「知新」，別讓自己的腦袋瓜腐朽了，而要讓自己日新又新。

2 把握活用的觀念

一個完整的觀念，至少包括名稱、事例、屬性和效能或價值。人的心智發展是否良好，是否能有效學習和解決問題，端視其觀念是否清楚完整。

人的思考和創造歷程，有其基本的運作單位，那就是觀念。觀念清楚，思考就縝密，不容易出錯。觀念嚴謹，腦子顯得靈光，容易舉一反三。

觀念是歸納許多記憶片段，形成一個具體縝密的組合。我們用它來觀察、分析、推論和解決問題。當然也用它繼續延伸，發展新的觀念和原理原則，以開展新知的領域。如果腦子裡裝的觀念是死的，或是不完整的，就不能有效類推、衍生新知。

每一個觀念，我們都會給它一個名稱，例如禮貌、信用、負責等等。但觀念必須有內涵才行，否則就流於空洞，即使把它記在腦裡，仍不免囫圇吞棗，雖能琅琅上口，卻用不出來。比如說，我們教孩子把「禮義廉恥」的定義背誦起來，把禮定義為「規規矩矩的態度」，義定義為「正正當當的行為」等等，孩子們把它背得滾瓜爛熟，但他們的行為卻表現不出來。很明顯地，所學的觀念不具體，便無法化作行動。

一個完整的觀念，涵括著一定屬性的內涵，這些屬性都可以列舉出實例或事件，並知道這個觀念所蘊涵的用途與價值。比如說禮貌這個觀念，它的屬性需做清楚的界定，舉出行為的實例，並對它的作用及影響，清楚的了解。其實，禮貌這個觀念是歸納得來的，例如：

- 與人見面時打招呼，彼此問好。
- 在別人還沒有把話說完之前，不插嘴。
- 服裝儀容要得體。
- 注意談吐的風度和儀態。

我們可以舉出更多禮貌的事例，來表示良好的人際互動，讓交往的對方感到被尊重，並有著歡喜的感覺。歸納這些事例，才建構出禮貌的完整觀念。因此，一個完整的觀念，至少包括名稱、事例、屬性和效能或價值。

在心智活動上，觀念越清楚，越能有效思考和推論；觀念越空洞，就越不能活用。因此，教育首要在於教導孩子獲得具體的觀念。人的心智發展是否良好，是否能有效學習和解決問題，端視其觀念是否清楚完整。

有些人思考笨拙，未能預防可能發生的不利情形，是因為他的觀念裡，缺乏足夠的事例，來定義嚴謹的內涵。這對於學習新知，往往發生障礙；對於日常問題的防範及解決，亦易疏忽或錯誤。於是我們發現：

- 生活經驗越缺乏、文化刺激越少的人，觀念越空洞，其臨機反應、思考類推能力也受到限制。
- 基礎的知識和思維邏輯越不紮實，觀念也越不精確。
- 光靠書本的知識，很難有效培養社會知識和人際能力。必須真正在生活中學習，透過行動、歸納、討論，才能發展正確的社會行為觀念。
- 活用的觀念，其主幹是事例，其定義和屬性，是歸納的結果。因此，學會尋找事例和歸納，比死記定義重要。

人若想在生活與工作方面，有較好的表現，不能只靠讀書。讀書當然可以吸收許多觀念，但如果不能從實務、工作和經驗中磨練，很難發展出紮實的觀念和可以活用的知識。心理學家威廉・詹姆斯（William James）說：「我相信只要你覺得自己有相當的能力，便可投身於一種職業；而在工作中學習。」

他對於實用的知識，也有進一步精闢的解釋：「一切事理的真實性，並非可以成套學來。所以要在行動中、在嘗試試驗中，去發現它的真實性。」

其實，我們是在行動、試驗和觀察中，不斷找出新的事例和效能，才歸納出新知和它的觀念。活用的觀念，是從現有的結構性定義中，重新歸納得到新觀念的思考過程。

從這裡也可以看得出來，學習和成長是一個觀念的重組。教育哲學家杜威（John Dewey）說：「學習與成長就是知識的不斷重組和改造。」不過，他認為學習和成長，是發自人的興趣，是為了滿足好奇心，才樂於試探和學習。對於這一點，我的看法則不盡相同。我認為學習未必都是快樂的，許多學習必須建立在「勉力為之」上，當努力過後看到成果時，才產生快樂和接下去努力的興趣。

人們要有發奮圖強的鬥志，努力克服困難，獲得更多活用的觀念，才能建立興趣和求知的喜樂。現在有許多父母，一廂情願相信：孩子必須快樂的學習，而疏於鼓勵孩子勉力為之，是孩子們學習成績低落的重要因素。或許有人會質疑：學校採取勤奮教學，雖然教會孩子些什麼，但卻因為養成被動的態度，日後成績表現不佳。對於這件事情，請容我做解釋：

勤奮教學並沒有錯，它能激發鬥志，努力學習。但問題的關鍵是：他們的教學是否在於建立活的觀念。如果一味採取填鴨，或者由老師咀嚼好了之後，再塞給學生記下，那就是品質低劣的教育。我相信勤能補拙，只要把重點放在活的觀念的學習，勤奮學習不失為良好的教育。

即使是最聰明的學生，也不可能對所有的學習都有興趣。因此，只有透過激勵其發奮圖強的精神，才能打好基礎。給學生多一些練習，督促他們努力，是老師的重要職責，關鍵是你給他什麼練習和作業。

活的觀念，一部分來自記憶，一部分來自不斷的尋找事例而重組。因此，記憶基本的活用觀念，也是提升實力、增加解決問題能力，所必須的重要過程。人類不斷發展新知，獲得更多新的觀念，但我們不可能事必躬親。為了有效學習活用觀念，必須採取以下方法：

●把觀念和新知加以組織，使它成為一個系統，而易於記憶和活用。

●讓自己有時間做練習，從而學得運用的本事。

●要不斷吸收別人已發展出來的新知，並參加必要的研討會。

●學習時必須與自己現有的程度銜接，才能構成有意義的學習。

學習新知和觀念，與記憶有密切的關係。絕大部分的人，都以為記憶是天生的；有些人記性好，有些人記性差。其實，心理學家的研究，已經解開部分的謎底：記憶可以透過努力而增強。羅茵和盧卡斯（Harry Lorayne & J. Lucas）的研究指出：想增強記憶，必須注意以下四個原則：

●保持清醒：在記憶任何東西之前，必須注意並保持專注。對於所學做細心的觀察，是引發清醒和專注的直接方法。清醒度越高，越不容易遺忘。此外，保持較好的健康狀況，清醒的尺度也會提高。有些人睡眠太少，精神不佳，注意力不免受到影響，當然記憶效果亦會打折扣。

●善用聯想：對於所要記憶的素材，要與已經熟習的觀念或事件，做一些聯想，則能構成較好的記憶效果。在某一領域裡，你所擁有的知識和觀念越多，聯想的機會也越大，記憶的效果亦越強。有時，透過有趣的聯想，也能達到良好的記憶效果。

● 資訊的聯結：如果把要記憶的素材，做一系統的聯結，想成一個故事或事件來記憶，則不容易遺忘。或者把它聯結成一個圖形，亦能記得牢靠。

● 透過替代字詞來記憶：如果有好幾個因素或原則，構成一個完整的知識體系，要把每一個大項的關鍵字列出來，加以排組，構成一個容易記的簡單句子，則能長期記住那些重要資訊。

關於記憶，行為學家研究發現，如果學習一項新的東西，在二十四小時內，不加以練習或複習，則百分之八十可能被遺忘。因此，學會某些活用的觀念和能力時，要保持持續的練習。剛開始時，練習次數要密集，慢慢再改為間歇性的練習，這樣能記得更牢。

生活在一個資訊社會裡，每一個人都必須學會運用資訊的能力。不過，有一部分的資訊和能力，必須長期的記憶，否則就無法有效處理生活與工作的事務。

不過，每一筆資訊都必須由完整的觀念組成，如果觀念是空洞的，就不能形成類化，重組新觀念，衍生新知識。

學習「學習的能力」，是現代人必須重視的課題。因此每一個人都應該從觀察、分析和思考，累積更多「活的觀念」，以解決生活和工作的問題。這個不斷發展活的觀念的歷程，是人類心智成長和精神生活的核心。

3 獲取三種實用的知識

生活中最重要的實用知識包括思考、活力和良好習慣。知識要廣，活用為妙；學習要勤，創新為竅。

人必須學習實用的知識，做為解決生活難題的工具，並據以發展更高層次的精神生活。

有些人讀的是死知識，記誦它，研究它，只能當文字的遊戲，對自己的生活未見改善，心智得不到成長，工作亦無特殊表現。有些人既能讀書又能做事，善於學習、創造和工作。

知識不應該被割裂成零碎的片段，以致失去實用的效能。零碎的知識不能用來解決問題，亦不能滿足自己的好奇心。

我相信一個活潑、健康、有創意的人，通常是很善於掌握實用知識的人。掌握一項實用的知識，比你記誦十則刻板無用的知識，要來得有價值。實用知識對生活與工作直接產生作用，能給自己帶來殊多好處。生活中最重要的實用知識包括思考、活力和良好習慣。

首先，要培養觀察、思考和求證的能力。這能使所掌握的資訊確實可信。傳說、臆測和一廂情願的瞎猜，往往令人走錯路。學習實用知識，以應付變遷社會中的需要，是未來人類努力的重要課題。《第五項修練》一書的作者彼得・聖吉（Perter M. Senge）說：「認清自己的願望，集中精力，培養耐心，並客觀地觀察現實，就是精熟自我功能的修練。」其實，只要對任何事情保持客觀的觀察和思考，就能使自己不斷成長，變得聰慧能幹。

二十世紀初期心理學家威廉・詹姆斯是提倡求真求實的一代大師，同時也是身體力行的實踐者。一九〇六年四月十八日上午，舊金山發生大地震，並引起大火，成千上萬的災民逃離焚燒中的城市。這位目光銳利的教授，即刻身赴災區，手持筆記，東奔西跑，詳問驚慌失措的災民：

「地震開始時，你感覺怎麼樣？情緒如何？」

「當時你最先想到什麼？你的心是否跳得比較快？」

他問了許多人的心情、感受及當時的反應等等，一一記錄。這位心理學家的著述，所以能那麼啟迪人心，給後人留下求真的楷模，是不言可喻了。

一般人雖非科學家，但是求真求實的學習精神仍不可或缺。我們能在工作中不斷觀察、檢討、記錄、分析，以尋求新知，就能隨著社會脈動，繼續改進和成長。能不斷學習的人或團體，是立足現代社會的必要條件。從財經資訊中發現：一九七〇年代名列《財星》（*Fortune*）雜誌排行榜的公司，到了八〇年代，有三分之一銷聲匿跡。因為他們缺乏實用的新知，他們的學習與成長陷於無能，於是創意枯萎，成長的動力衰竭。

個人的生涯發展，能否順利走出自己的天空，端看其學習的態度。學習常被一般人誤認為是吸收知識，其實，吸收新知只是學習的一小部分，真正重要的是主動發現新知。我還記得在生產力中心舉辦的將帥營研習會上，一位企業經理人談道：

「面對偌多新知，到底該學些什麼呢？哪些才是下一步需用的知識呢？」我還沒有回答，另一位經理人說：

「我認為最重要的知識，是從自己工作和周遭中，發現新的趨勢，領會新的經營方法。」另一位接著說：

「如果沒有接觸到大環境的資訊，就可能是聾子。如果不能領會自己和大環境的真實關係，就會漸漸失去好眼光。又倘使不能從工作中發現新技術和機緣，那就會失明。我最擔憂的是失明。」他接著問我：

「老師你覺得如何？」我說：

「每個人注定要在經驗中領悟，在工作中學習第一手的新知。跟著別人走，行動已經慢了一步，等別人把訣竅攤開來說明白，再去吸收它，那就只能拾人牙慧。」

「這也是禪機嗎？」

「你沒有聽過禪家說：『從門入者不是家珍，隨緣得者始終成壞。』經過別人咀嚼過，再送給你吃的，失去新鮮的味道。隨著他人聽聞來的知見，充其量只是膚淺的表皮，而不是骨髓裡的精華。」

知識要廣，活用為妙；學習要勤，創新為竅。

其次，要有經營活力的知識。古人常說：「業精於勤，荒於嬉；行成於思，毀於隨。」要做一個成功的人，一定要培養自己的活力。人的活力，與自己的作息習慣、運動、營養均衡等等有關。不過，影響活力的主要根源，大部分還是心理因素。如果你想獲致這方面實用知識，不妨試試下述方法：

(1)用行動來培養情緒活力。如果你希望有好心情做事，就要以好的態度去面對同事，要懷著高興的心情面對工作。你只要縱容自己去發愁和憤怒，不採取行動改善，不肯去運動或做點休閒，就會越來越頹廢。請問：

「你想高興點嗎？」我知道你的答案是肯定的。那麼建議你：

「要高高興興地待人，高高興興地看事物，要像很開心地去表現你的舉止，接著就會真的高興起來。」

「你想表現得有自信嗎？」我的建議是：

「提醒自己，讓自己的言行看來像有自信的樣子；即使你有些心虛，只要你做出自信滿滿的表情，就會有自信的風采，別人也會確信你很有信心，態度堅毅肯定。」

(2)要克服怠倦。懶與怠倦沒有什麼不同，你感覺疲倦正是懶的思想在發酵作怪。在長期工作之後或許真累了，那該休息，尋求恢復體力。不過，大多數人其實並不那麼累，只是嘴裡說累，想著累，而真的產生疲勞的感覺。我年輕時當過建築工，那是很粗重的勞力工作。到了午休，只要靠在樹下蔭涼處，即刻睡著。有一次午休上工時，我自言自語地說：

「啊！真疲累，快累死了！」我的堂兄即刻阻止說：

「做什麼工作都不可以說累，那會使你真的累垮！」

現在回想起來，堂兄說的話，是很有心理學依據的。心理學研究指出：如果你在工作完結時，表現出筋疲力竭，走起路來無精打采，那麼，你的倦容就能引發疲憊不堪的結果。因此，你要打起精神，隨時隨地提醒自己，不要被消極的念頭綁架。

⑶努力工作有益於活力。無論你做什麼工作，努力以赴，集中精神去幹，不但效率會提高，創意和精力都會源源不絕而來。每當我全神投入、奮力以赴寫作時，都會有令人滿意的豐收。我也常發現，假期過後，許多孩子變得懶洋洋的，學校的健康中心，週一的病床總是滿滿的。我問學生：

「假期玩得太累了嗎？」

「不，我在家裡休息，並沒有出去玩！」

我發現有不少同學的答案是一樣的。後來，我更從輔導教師那兒得知，寒暑假一過，剛開學的頭兩週，總有不少學生振作不起來，原因是他們長期生活在缺乏挑戰的假期裡。

其三，好習慣即是一種寶貴的實用知識。人的命運，是好是壞，都是自己塑造的。每一個行為，經過重複之後，就在神經系統中留下痕跡，形成習慣。如果每天培養兢兢業業的工作，精神集中，意志堅強，能自我控制，一旦形成習慣，就能有效對抗環境的變遷。每當物換星移時，那些沒有堅強毅力的人，會像糠屑一般，不堪疾風的掃蕩，而受到淘汰。一位已建立壯碩精神力、有良好生活與工作習慣的人，則能巍然屹立。

我們必須注意，每一絲善意和善行，都會留下習慣，帶來光明的機運。所以，不能因善小而不為，不能因惡小而不在意。習慣是我們的自動控制系統，如果你能讓他有效執行任務，發揮維生和成長的功能，那麼就有更多餘力，去創造新的事物。有年輕人問：

「你怎麼能在百忙中，維持寫作不輟？」

「想寫作就得養成良好的寫作。」我說。

「什麼是良好的寫作習慣？」

「隨時記下你的觀察和發現，找時間整理、思索和寫作。還有，努力寫下去就是良好的習慣。」

懂得培養好習慣，當然也要知道如何戒除壞習慣；能戒除惡習的人，就能避開厄運。在課堂上，學生問道：

「怎麼革除壞習慣？」

「別通融它，千萬不要對自己說『這次不算』，就能戒除惡習。」

「怎麼嚴格執行革除惡習的計畫？」

「向親友公開宣布你準備革除某種惡習，就能令你有恆心去完成它。你總不願意在親友面前漏氣吧！就用他們的力量，強迫你完成革除惡習的行為目標。」

好習慣一旦養成，就能形成自動自發的功效，其實每一個人的性格或個性，都是透過習慣的養成而塑造出來的。因此，人應該自立自強，透過培養好習慣來孕育潛能。同時，培養好習慣正是我們一生中最實用的知識。

總之，生活在現代社會裡，社會的解組和重構速度殊快，若非靠著實用的知識，很難有效適應生活。就現代人而言，死記的知識無從解決層出不窮的挑戰，所以你要懂得思考。面對許多的困難，你必須鍥而不捨，所以要發展活力，才能實現該做的事。至於生活的行動，如果沒有把能力化作習慣，那就不可能把它實現出來。因此，我說這三者是最重要的實用知識。

4 要懂得人情世故

人情世故的智慧，是不可一日或缺的，它像是生活的一部分，也是一種能力，但這種能力，必須在生活中培養歷練。

現代人並不重視人情世故，所以覺得朋友疏遠，家人不親，失去彼此關心、支持和享受人際親密感的機緣。這不但有礙生活品質，而且對潛能的發展，造成嚴重的限制。

心理學家威廉・舒茲（William Schutz）相信，要過成功快樂的人生，就得懂得過實現的生活。實現表示一個人能適應環境，活得充實、能發揮自己的能力，並與人建立親切的關係。他認為過實現的生活，要具備：

- 健康的體能，包括肢體語言等能力。
- 良好的心智功能，包括豐富的知識、經驗、思考能力、創意和統整人生的智慧。

● 親密的人際關係。

● 對社會情境、組織和文化的了解與適應。

以上四個因素之中，後兩者與人情世故的智慧，關係至為密切。懂得人情世故，就像機件上了潤滑油一樣，運作起來順利有勁；容易與人合作，彼此互相協調。在工作上發揮群策群力的效果，在精神生活上也就能享有愛和情誼。人情世故常被誤解為送禮、鄉愿、奉承、迎合等等，正因為如此，許多人置人情世故於不顧，在待人接物上，顯得自大，不通人性；甚至把人際弄得僵化、敵對，到頭來真是紛擾痛苦。

人情世故的智慧，能給別人帶來自尊和自信；即使遇到不順遂，也能給別人台階下。他們在堅持自己原則時，能給別人機會迴旋；在維護自己立場時，不致傷及別人的尊嚴；在拒絕別人不合理要求時，會婉轉而不傷情面。他們懂得在不妨礙大局下，給別人伸展自尊的機會；也能在耐性妥協之下，讓對方配合自己的立場。人情世故之為妙，乍看不像是工作的本身，但卻令你成就事業。它雖非你的行動目標，卻能令你行動時游刃有餘。

人情世故的第一個心理要素是覺察。能了解別人的立場，能與他同理交談，能知悉對方的意思、顧慮和心情，這時能把事情說得更清楚，彼此的心意也較能被接受。兩人在談判、交換意見和協調上，也容易有交集。這種能力，無論在家庭、社交和一般為人處事上，都有正面價值。覺察能力差的人，與人衝突和誤會的機會，就會大大的提高。

一位老先生憂慮地來找我談話，他不能諒解女兒毅然出家。他中年喪妻，是在備嘗辛酸之下，把幾個孩子培養長大。女兒在她的母親過世時，只是稚齡的孩子，是他一手帶大的，現在竟然放棄正常生活，出家為比丘尼。他覺得喪失了一個女兒，感到失望和憤怒。他所想的都是從自己的觀點出發，很少站在女兒的立場來看這件事。這就會失去覺察，而對女兒感到絕望和憤怒，以致傷害彼此的情份，損及自己的健康。他已開始憂鬱，同時有點輕度中風。於是，我安慰他：

「女兒已經成年，她出家是她的決定，是一種生涯的選擇。她並不是放棄人生，而是去發揮另一種精進的人生。你要了解她的志氣，祝福她精進，期望她做一位佛門的龍象。你若從她的角度看，應該欣慰才對。」

「她沒有聽我的話，違背我的勸告，我是不會欣慰的。我已被她氣得身心俱疲了……」老先生很執著於自己的意見，他很難接受別人的觀點。我接著說：

「女兒的人生和遭遇，你能替她肩負責任嗎？你能替她安排人生嗎？請你再想想，別人能替你承受愁苦嗎？能替你接受病痛的折磨嗎？」

「不可能！是我自己在生病。我也無法替她承擔人生。」

「再想想，你為這件事，每天憂愁和憤怒，對你自己和女兒有什麼好處？」

他搖了搖頭。

「那麼請你進一步想：你是否很希望女兒有個幸福的家？」

「當然。我很希望她幸福，有個幸福的家庭。」

「你認為成家就一定幸福嗎？」

「不一定。」他頓了一頓，接著說：「但總要努力去生活嘛！」

「是啊！出家是她的抱負，她現在正朝著自己的生涯努力，逐步實現，她有理想，要走宗教的路，要實踐濟世之仁的工作。這樣看來，她是幸福的，比起許多人要幸福的多。既然她覺得幸福，你就該寬心才對。」他默然若有了解。

了解與接納，是人情世故的智慧。有了它，不但對家人態度溫馨，能體諒別人的立場，並能保持較好的互動關係。人情世故的智慧，是待人接物的旨要，是立身處世和心理健康的基礎。

第二個人情世故智慧是責任。能為自己負責，堅持目標和原則，是善待自己，給自己機會和發展的表現。對自己負責，也表示能面對挑戰，肯充實自己，讓自己有更多能力，更好的自我控制。越能為自己負責的人，所得到自由和選擇的機會越多；越是放縱自己，不肯負責的人，也越是無能。有一位年輕的媽媽說：

「我們不給孩子任何壓力，不強迫他讀書和做事，除非孩子自己想做。他想做什麼就做什麼，不想做時，我就容許他什麼都不做。」

「後來呢？」我好奇的問。

「我來找你就是為了孩子。孩子上國中，他覺得壓力很大，不想讀書，不想上學，生活散漫，整天只看電視或玩遊樂器，連待人接物、招呼親戚朋友，都顯得漠然。該怎麼辦？」

像這樣的案例我見過不少。真正的問題是孩子從小沒有學會責任，沒有學會基本生活規範，養成好的學習習慣。這些沒有基本章法的孩子，不能負起責任，於是他的自尊和自信愈來愈差，從而造成逃避的傾向。當他們適值叛逆期時，反叛與不負責便合流，構成偏差行為。

有責任的人會為別人設想，所以人際關係較好，個人與社會、家庭，乃至組織間的互動也較佳。因此得到的鼓勵性回饋多，精神比較振作；反之，則造成生活適應上的難題。心理學家威廉‧葛拉塞（William Glasser）說：「責任就是有能力去獲得自己的需要。他在實踐這項責任時，不致妨礙別人以求滿足自己的需要。責任也表示自己能遂行其承諾。」責任與行為的正當性息息相關，因此他又說：「個體必須去實踐善行或對的行為，以肯定自我價值。因此，人必須有一行為善惡的標準，並以之評估自己的價值。」

責任是人情世故的基礎。父母親有責任感，才能照顧子女；子女有責任感才會孝順，乃至實踐公德心，為別人服務，為公司和機構負起應有的責任等等，都是人情世故的範圍。能盡責任的人，自己才瞧得起自己，別人才會信任你，從而願意和你建立互信的親密關係。

包容是人情世故智慧的第三個因素。我們必須認清，沒有一個人會是十全十美的，所以要包容別人的缺點，稱讚別人的優點；這能使別人得到喜悅，也拉近彼此的人際距離。其次是生活在自由開放的社會裡，價值是多元的，每個人的看法不同；既然不同，那就要互相包容，才能妥協出一個大家接受的作法。其三是你不可能事事順遂，事情總是有成有敗，有順有逆；成功順遂固然值得高興和稱道，但挫敗時則需要包涵才行，不能過分責備，否則就會惡臉相向，撕破臉還壞了情誼。包容的可貴是：

- 維持自己心理的安寧，免受煩惱的侵擾。
- 它能給別人和自己尊嚴和自我反省的機會。
- 它使人際互動優雅溫馨，促進彼此的情誼。
- 它賜給我們幸福感和快樂。

包容不是包庇，不是善惡不分，更不是得過且過。包容是看得清楚真切，同時能體諒別人的立場。雖認真卻文雅不苛求，雖講效率但不急功近利，是非分明卻能原諒別人的過錯。

人不是只交往一次，而是日久情更深。寬容給我們建立知交深誼的機會，成全彼此改過自新的尊嚴。更重要的是它給予每一個人，有發展善良德行的勇氣。

人情世故的智慧，是人們不可一日或缺的智慧，它像是生命的一部分。但這麼重要的人性品質，卻普遍被現代人忽略。於是多年朋友，一日之間反目成仇者有之；至親的家人，意見相左，鬧得惡臉相向者有之。它是一種智慧，也是一種能力，但這種能力，必須在生活中養成習慣。

觀察當今的教育，似乎只重視智育，而不重視人情世故的智慧培養，孩子缺乏教養者相當普遍。許多人對人不體貼、不了解，也不懂得責任與寬容，連最起碼的禮貌都做不到。若大家不重視這個問題，將會有更多的擾攘和不安，甚至連家庭的基本倫理也會保不住。那時，我們將受到絕情的煎迫與困擾。

5 學習要有伴才好

主動學習的態度，是在家庭中透過團體動力養成的。只要家人共同生活在學習的樂趣之中，就能使心智成長，就能領受到滿足和喜樂。

現代社會不斷地解構重組，生活形態變遷快速，生產方式不斷更新，沒有足夠的知識和資訊，就不能有效適應生活現實。因此，每一個人都要不停地學習，要有終身學習的認知。

學習的效率，取決於學習者的動機、方法和習慣。不過，我要特別強調透過團體動力學習的好處。心理學研究指出：大伙兒一起學習，比單獨一個人學習，其效果更高。因為這能激發興趣、動機和討論。尤其是心得的交換，學習資料的蒐集，乃至透過討論所引發的腦力激盪和啟發效果，最值得重視。析言之，團體動力學習，有以下明顯效果：

● 一起學習可以克服個人的怠倦，並在相互支持和激勵下創造較高的學習動機。

- 它構成合作學習的有利條件，讓彼此取得更豐富的資訊，並在分工、討論和整合之中，形成高效能的學習。
- 透過人際互動的支持，容易構成學與用的整合。一起學習，提供了這方面的契機。
- 無論是家庭或企業機構，若能建立團體動力的學習，就能產生新的創意和氣勢，這是成長的關鍵。

在學校裡很容易看到學習的落單者，所造成的適應困境。他們陷入低成就，缺乏人際支持和溫暖，而使自己備覺孤立，怯於與人合作。一位憂鬱的少年，在家長陪同下來晤談。她低著頭，沮喪中帶著退縮，眼神黯淡地望著我：

「我沒有朋友，在學校的時間覺得很難耐、沒有意義，所以我不想上學。我到學校一整天都是空白的，也很少跟同學們講話，每天都很煩悶。」

「他們不跟妳講話？」我關心地詢問。

「我不敢跟他們說話，他們也不跟我說話。」她遲疑了一下，無助的看著我說：「其實，我不知道要跟他們說什麼。他們在一起聊天時，我只是聽聽罷了，因為我是外人。我不知道要說什麼才能接下去，或者我說了什麼，他們也會漠然沒有答腔。」

「妳何不跟他們聊聊班上的八卦，或學習的功課，這不都是很好的話題？」

「不，我跟他們沒有話題可談。我似乎永遠無法進入他們的團隊。」她頹喪地嘆了一口氣。

這樣的孩子是班上的疏離者，她雖與大家生活在一起，卻沒有共同的經驗和感受可以交談。她的真正問題不是憂鬱，也不是懼學症，而是人際問題，是因幾次受挫折，而在心理上變成脫隊，是學習活動的落單者。她所需要的協助，是透過團體動力的學習活動和友誼；她亟需老師和同學的接納和幫助。但我知道，許多老師不善於協助這類孩子，讓他們及早重回團體之中。

心理學家葛拉塞發現，學校的教育缺失，往往不在教學的本身，而是未能給孩子安排成功的人際溫馨和團體動力學習。落單所造成的孤獨，才是孩子挫敗的原因。當孩子與孩子之間，有較好的人際溫馨時，信心和自尊就不會崩塌，就能維持繼續學習和健康的生活態度。

對於成年人而言，情況完全一樣。當一個人步上落單之路，人際溫暖流失，從別人那兒來的生活資訊和感情支持開始斷絕，而陷入「獨學而無友，孤陋而寡聞」的窘境。他只用原有貧瘠的知識和觀念，面對不斷變化的世事，其回應往往是偏差、不當的，結果總是造成挫敗收場。很不幸的是，這時他會把錯誤歸罪於別人，而疏於檢討自己。其結果，失敗連同人際的怨恨，迫使他走向更嚴重的孤獨和適應困難。

機關或企業機構的主管，常常為這些人而苦惱。他們會抱怨：「我的單位裡確有這種人，他的行為特質就是頑固。」在政府機關裡，這種現象比企業界更嚴重。長期以來，主管疏於帶動成員，形成學習團體，交融成為一個學習型組織，是組織效率低落和造成不稱職部屬的真正原因。你看這兩個人的對話：

「老張！為了提高效率，我們有必要調整行政的手續。」

「可是法規是這麼定的，要調整，你自己負責！」

「我們一起來商量，在法規範圍內想個變通的方法好嗎？」

「我擔當不起責任，你想改變它，你自己負責好了。」

於是，尋求效率的對話中斷。一個固執不變、不理會現實的人，表現出拒絕學習解決問題的態度，導致效率的崩盤。機構或企業一旦出現這種現象，效率和成長自然萎縮，甚至趨於瓦解。反之，組織一旦有了團體學習的風氣，就會努力發掘問題，解決問題，使組織氣氛變得活潑、主動、有效率。這時，組織內的少數落單者，就不得不改變態度。

家庭也必須是一個學習型組織。孩子主動學習的態度，是在家庭中透過團體動力養成的。學習解決問題、待人接物、勤勞負責等等，是生活中重要的性格特質；孩子在家裡學會這些特質，將來在學校的學習，才會勝任愉快。長大成人，在工作上的表現也易於成功。

家庭成員，應有閱讀和討論的習慣。在茶餘飯後，在輕鬆的閒聊之中，很自然地介紹自己的閱讀或新知，並引導討論和分享。這使每個人的新知增加，也刺激彼此主動學習的風氣。

學習型家庭所分享的新知，不一定是讀書。對於報載社會、經濟、政治等問題的分析、討論和交談，都能增進見識和視野。家人合作處理家事，修理粉刷門牆或家具，也都能引發新的學習。心理學家指出，生活經驗、思考和討論，都會在神經系統上留下習慣，構成豐富的實用知識。學習型家庭中的成員，每一個人不但能獲得主動學習的興趣，而且能擴充其生活和知識的領域。

學習型的家庭不是強迫成員學習，而是透過對知識的興趣、對事物和人的關懷，進行學習。有些父母親為了培養孩子讀書，每天監督孩子作功課，考核其成績，花大錢送他到才藝班補習；但很不幸地，父母本身缺乏主動學習的身教，欠缺求真求知的示範。這種狀況，充其量只灌輸了被動的學習習慣；年齡越大，越表現出缺乏主動學習的弊病。

有些父母親在孩子年幼時，每天小孩就寢前，會念一段好文章、有趣的故事或童話給孩子聽。等孩子稍大，還可以視孩子的需要，做個簡短的心得交談。孩子很滿足的就寢，他們一方面享受到新知，一方面享受到父母的愛和親密。這對於培養主動學習的態度，是很有幫助的。

現在，我的孩子都已長大，但家庭裡仍然有濃厚的學習氣氛，只要我們在一起，就會有說不完的話題，就有分享不完的新知。我們討論和分享的範圍越來越廣，真是上自天文，下至地理，無分科學、文藝、電影、年輕人的時尚，樣樣都是談話的題材。其實，我很少看電影，而電影的新知總是從討論中得到一些。太太秀真和我都不是學自然科學的，但我們總會聆聽孩子們解說。他們常用淺近通俗的比喻，告訴我們科學新知。雖然，我們未必全懂，但有了概念，就不致在新科技面前覺得心虛。有一位朋友羨慕地對我說：

「你們真是命好，跟孩子相處得那麼融洽！」我說：

「我確實感恩上蒼賜給我們學習的稟賦，不過，這些基本的賞賜，你也是有的。只要家人共同生活在學習的樂趣之中，就能使心智成長，就能領受到滿足和喜樂。你不妨試試看，一樣會豐收的。」

人類的歷史，就是一部學習的歷史。學習能讓我們看到曙光和希望。學習當然要由個人主動去做，不過透過團體動力的影響力，更能促進學習效果和樂趣。我知道活在新世紀，每個人都需要更多的知識才能生活得好，那麼團體動力的學習，將成為主要的學習方式。

6 提防錯誤的知見

每個人既能學習善良，也能學習邪惡；既能記憶正確的知識，也能記憶錯誤的資訊。我們不得不選擇、審度，處處留心，保持頭腦清醒，提防幹出糊塗事來。

別以為自己知識豐富，一向能幹，腦子清楚。其實，只要稍有疏忽，聰明人一樣會幹糊塗事。我們在日常生活中，習得許多定見，有些具有普遍性，有些容易被誤用，在某些情境下，冷不防，知識的誤用就會出現。

有時，我們會自以為是，一時失察而做出蠢事來。公司業務會報時，財務部門和業務部門主管，意見相左，這是很平常的事。不過，這次卻是一個例外，兩個主管彼此做人身攻擊，撕破了臉。他們在老闆面前攤牌了，「不是你走就是我走。」果然，其中一個被革職。

一位大學法律系學生，羨慕別人有手機，歹念突然竄起，幹起搶劫的事來。事跡敗露，當場被捕，大好前程面臨嚴重考驗。另有一位中學老師，經不起學生的惡意挑釁，在怒不可遏下，把學生打成重傷，不但喪失了教職，還吃上官司。

一位父親，因為太太離家，孩子乏人照料，家庭瀕臨破裂，乾脆攜幼子一起喝農藥自殺。

人在某種激情下，過去聽聞得來的錯誤念頭，就會浮出來，指使自己幹錯誤的蠢事。這些錯誤的念頭，或無意中學來的成見和偏見，在不經心的情況下，所引起的災難，不可計數，有時甚至釀成大禍。從個案中分析，錯誤總是來自理性失察，致使過去學來的錯誤資訊，被提取出來誤用。

有些父母親，看到孩子成績表現不佳，便憤怒地採取強烈手段，責備孩子不用功，或者訴諸打罵。這種作法對孩子的學習並沒有益處，因為打並沒有教會他什麼，罵也沒有啟發孩子領悟不會的習題。為什麼會執意採取這些錯誤方法呢？因為父母腦子裡裝的，正是這些錯誤的資訊，也許是從他的父母親那兒學來的，也許是偶然模仿學來的。當然受體罰管教的孩子，將來也比較容易沿用類似的方法教育下一代。

每個人都不免學到不正確的資訊、想法和態度，而且是在不經意中學來的。有些透過模仿，有些因耳濡目染而深植於心。我們既能學習善良，也能學習邪惡；既能記憶正確的知識，也能記憶錯誤的資訊。我們不得不選擇、審度，處處留心，保持頭腦清醒，提防幹出糊塗事來。

在日常生活中，第一個要提防的事是孤注一擲。人總是在想不出建設性策略來解決問題時，才會採取孤注一擲的作法。心裡想著：「跟它拚個你死我活！」「冒個險，也許僥倖能輕易過關！」孤注一擲本身是一種非理性的想法，它的行動方案，往往悖於常理；因此常常以「不生則死，不全則無」的方式蠻幹，其結果往往是破壞性的下場。

孤注一擲的意念，衍生成賭博、掠奪、尋仇、投機取巧等行為；這些行動往往以暴力、傷害等犯罪為手段。孤注一擲來自原始的激情，所以在挫敗時易產生非理性的行為。他們會在內心吶喊著：

「毀掉算了！」

「我不幹又怎麼樣！」

「我無所謂！」

這些想法往往表現出自我傷害和絕望。在孤注一擲的行動之後，他們覺得無路可走。

其次是心存成見。心理學家愛倫・藍格（Ellen Langer）曾經做過一個實驗，讓調查員在街上扮演受傷角色，要求路人為他買某種品牌的繃帶。但是他們事先已跟附近藥劑師說好，請他告訴來買的人這個品牌的繃帶已經賣完。先後試驗了二十五個路人，都回來告訴調查員買不到所要的繃帶，沒有人想到請藥劑師建議另一個牌子的繃帶。

人很容易掉入成見的陷阱；大部分人習慣於舊生活方式，對於新生活適應困難。例如穿慣素樸衣服的人，要他穿花俏的衣裳，會走不出門；吃慣米飯的人，改吃其他主食，會覺得沒有吃正餐。但最嚴重的是對人的成見，第一次見面印象不佳，以後要改變觀感則很不容易。特別是對某些人的表情有著特殊的好惡者，要他改正過來，尤其困難。一般認為投緣與否是天生的，事實上是成見所致。

第三是刻板的思考。我們會在不經意中，學會給自己套上一個框框。例如，端莊的女性就該不苟言笑，不可張開嘴巴大笑。這使許多女性，失去開懷大笑以紓解身心壓力的機會。我發現許多女性，為了保持文雅的儀態，連笑都蹩著不敢放鬆心情，這對於工作壓力大的職業婦女，容易產生較多憂鬱的情緒效應。

有些國中小的學生，數學成績不佳，就給自己一個框框，「我沒有數學的天賦！」——「我碰到數學總是粗心大意！」——事實上，他們不是數學天份不夠，而是沒有好好弄懂它，或缺乏足夠的練習所致。

有些人稍稍工作，就說自己累了；多做一點事，就以為需要休息；少睡一兩個小時，就說自己精神不濟。事實上，我們覺得疲累，只是面臨假性疲勞點，在突破假性疲勞之後，體力還是源源不絕。「工作使我疲勞」是意識思想的框框，它把我們綁住，讓我們不情願放心地工作。

以偏概全是引發愚蠢行為的第四個因素。有些人一開口就說：「我不喜歡雨天！」好像只要下雨，他就會不愉快，就會憂愁鬱卒。其實，他不喜歡的事可能只有騎機車要穿雨衣，其他都不受影響。他以偏概全，以致忘了斜風細雨之美，忘了雨篷上滴答聲的美妙，甚至忘了雨夜的寧靜。

以偏概全使父母親痛責孩子「你一輩子沒有出息！」「你總是沒頭沒腦的，什麼時候才清楚一點啊！」「你沒有做過任何一件令我開心的事！」天啊！這樣的責備，孩子怎麼承受得了呢？信心和自尊又怎麼建立起來呢？

以偏概全地誇大別人的缺失或過錯，會破壞彼此的情誼，造成雙方的衝突。以相同的方法和自己對話，就會破壞自信心。可想而知，當一個人對自己說「我一無可取」、「我活著一點意思都沒有」時，還能活得快樂自在嗎？

第五種幹糊塗事的原因是鑽進死胡同。當你受到批評或排擠的時候，負氣出走，那就是親痛仇快了。其實，對手多麼希望你從戰場中撤退，好順利取得眼前的利益。可是，你在拱手讓人後，自怨自艾，心中鬱鬱不平。一個人萬不能以棄守的策略，來博得別人的同情，或表示自己清高。只要你這麼想，眼前就是一片慘敗，就是一個死胡同。

有些人因為心情不好，有了輕度的憂鬱，對於工作的負擔覺得難耐，於是把工作辭掉。依我的觀察，當事人只要放棄工作，就得不到工作中換來的樂趣、溫暖和心理支持。他一方面以偏概全，忽略了工作還有很多好處，一方面把工作辭去，變成全職的憂鬱者。這時憂鬱很快就會嚴重起來，失去健康和快樂。

人只要一味想著自己沒有的，羨慕別人有的，就會貶抑自己，覺得自己一事無成，而沮喪起來，這就叫死胡同。反之，若把自己有的加以發揮，就會開展創意，漸漸走出新的局面來，發覺自己其實擁有的也不少。

每個人都有受挫的時候，都有屋漏偏逢連夜雨的窘境。這時要告訴自己，日子不會天天這麼壞，雨總會有停的時候。要記得換個角度去看，「挫折正是我充電進修的時機！」「下雨正是上蒼賜我休息一天的恩典！」「紛繁的心境正好是休息或運動的時候！」人要有改變和調適的機制，要有彈性和變換的習慣，才會有良好的生活適應。

人很容易陷入刻板的成見或念頭裡，它使知識誤用，把過去的經驗扭曲成阻擋創新的障礙。因此，當你遇到問題時，要提醒自己，解決的方法有很多，要仔細審視，不要掉入糊塗的溝塹之中。當然，平常你必須吸收新知，開擴視野，並懂得清楚思考，才能防範錯誤於未然。

肆

穩得住就做得好

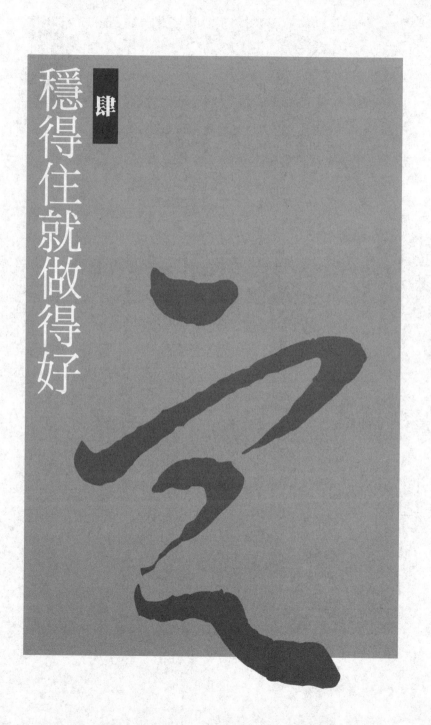

【肆・穩得住就做得好】

人需要一顆安定的心。人若具備安定的情緒、穩健的思想和作風，凡事定得住，自己的願景或目標就能實現。這樣的人不但身心健康，事業亦容易有成。

安定的情緒，是理性得以伸展、感情自然流露的條件。

理性與感情的調和，能引導我們順利克服人生的每一項挑戰，它孕育創意，解決問題，維持生命的存續與充實感。不過一旦情緒陷入激動不安，兩者的調和就有了障礙，它使思考無法發揮作用，使感情化作激情。這時，個人的決定會偏離現實，鑄成錯誤。因此，安定即是一種情緒智慧。心理學家彼德・沙洛維（Peter Salovey）把它分成五種功能，它們分別是：

- 認識自身的情緒：能幫助個人了解自己，知所抉擇。
- 妥善管理的情緒：懂得自我安慰、調適和擺脫困擾。

● 自我激勵的情緒：能定得住，有效的發揮潛能。
● 了解他人的情緒：用同理心與他人交往，表現友愛。
● 人際管理的情緒：是領導他人，建立和諧關係的表現。

每一個人的情緒智慧不同，但安定的心，卻是情緒智慧的共同特質。定與慧是分不開的，所以佛經上要強調，「定慧一體」的實踐方法。

安定使人堅毅，使人罩得住，穩得來。它讓我們在無常變動的社會中，仍能發揮智慧，孕育穩定的力量，堅持完成該做的事。《唯識論》上說：

云何為定？
於所觀境，
令心專注不散為性，
智依為業。

依唯識心理學的看法，認為智慧的開啟，要靠安定的心，專注於所面對的挑戰，才真正流露出創意和實踐的堅持。

定的修持要透過禪定來訓練。禪定在心理層面上，能發展三個重要功能：經驗的開放、同理心的開展和生活的實現。不過，我們在這裡所談的定，則著重在定的基本行為。因此，〈穩得住就做得好〉這一章，要討論堅毅、肯定性、安定感和如何面對危機的挑戰。

首先是堅毅令你挺得住。堅毅的人願景明顯，內心安定，不怕困難，不憂讒畏譏，因此能挺得住，有力量去堅持把事情完成。要培養堅毅必須注意：

- 健康的自我評價：這能帶來較好的自我認同，對於外來的批評和阻撓，有較好的抗拒力，能堅持達成自己的目標。
- 不斷充實自己：從主動學習、人際交往和實際參與中提升能力和自信。
- 學會堅毅的習慣：堅毅的習慣是自己能承受挑戰、克服危機的保證。

根據柯巴沙（S. O. Kobasa）的研究，堅毅的行為包括：熱中於所做的事，感覺生命在掌握之中，能將改變視為挑戰而非威脅。個人若想在這個多元、競爭的社會裡，能挺得住，走出成功的人生，堅毅是不得不培養的性格特質。

其次是在運動中培養堅毅。勤於運動，不但能保持身體的健康，而且可以培養精神力量。它能涵養活力，更能減低生活和工作所產生的壓力。運動可以養身，也可以養心。它帶給人良好的生活品質，孕育堅毅和樂觀的精神力，從而形成良好的自我價值感。在這一章裡，提供運動的正確觀念和諸多研究發現。

第三是保持肯定性。肯定性高的人，不但情緒穩定，容易正確表達己見，對於維持自己的權益，表現也較佳。肯定性是一種心意安定的狀況，透過它我們才能表現較好的情緒智慧，在人際關係上，也顯得自然得體。

在職場上，不免遇到有力人士的壓力、誘惑或阻撓，必須有良好的肯定性，做正當的表示，否則就會造成困擾。本章解釋了肯定性、非肯定性和侵略性。人必須學習肯定性，排除非肯定性和侵略性，人生才會健康。培養肯定性要注意的態度與方法包括：

● 培養語言和肢體語言的正確意思表示。
● 學習溝通的技巧。
● 注意表達的時機。
● 避免小題大作。
● 認識自己的情緒，並善加控制。

第四是認清生活的不確定性。人越能認清生活現實的不確定性，越能容忍變遷和改變，對生活的掌控和適應，也越有耐性。在這一章中，從家庭的親子關係、個人的遭遇、知識的本質、工作的挫折等各方面，討論不確定的現實，加深你對不確定性的認知，以發展包容的胸襟和不斷學習成長的態度。

第五是人生不能怯場。人生是一個艱難的歷程，要面對諸多挑戰和窘境，要完成一個接著一個的任務。在面對重要挑戰，如求職面試、一場激烈的比賽，跟頂頭上司或名人談業務等等，你不免有些窘迫、害羞或焦慮，這時你的身心會失去常態，不免怯場。

人不能因為怯場而不去面對現實，怯場是可以改正的，是可以預防的。克服怯場的方法，包括：以行動預作準備、保持單純的態度、避免顧慮太多、好好培養體力、維持積極的態度、避免給自己洩氣等。

怯場的人，大多很在意自己。因此，要懂得自我解嘲和幽默，這能使自己從壓力中解脫出來。有關這方面的技巧，亦做了詳述。

第六是冷靜面對危機。人免不了遇到麻煩，親人逝世、失業、重病、子女出問題、面臨危急的挑戰等等。如果不能穩定軍心，就會打一場敗戰。於是，心理急救成為面對危機時，很重要的課題。在這一章裡，提供許多實例和要領，供你處理危機時的參考。

安定的心，是應付變動與挑戰的根本。它給你穩定的心情、冷靜的思考、堅毅的態度和果決的行動。唯識心理學把定當做生活實踐的重要修持，無非是要發展更高的精神力，助你走向實現的人生。

1 堅毅令你挺得住

堅毅的人，能以信心和決心面對改變，熱切地視之為轉機。反之，不堅毅的人，一遇到挑戰或逆境時，會備感受威脅和無助。

堅毅能讓你內心安定，不懼怕困難，不憂讒畏譏；它能讓你挺得住，有力量去完成該做的事。

許多人以為堅毅是性格的一部分，是天生的。事實不然，人的性格特質，是培養出來的。如果你想擺脫惶惑畏懼的生活，不再受猶豫退卻苦惱，那就設法改變它，先從培養自信開始。

有一次，一位大學生來晤談，從他的舉止態度中，就可以看出他缺乏自信，羞於言辭，屬於不善交際的人。他長期被害羞的個性所苦，因不善於堅持自己的意見而悔恨。他說：「我幾乎無法拒絕別人的邀約；我實在不想再跟某甲共同作研究專題。他不用心，不盡自己的責任，所有的工作都落在我身上。他坐享其成倒還其次，我負擔超重，又沒有人可以共同討論，苦不堪言。可是，他一再找我合作，在他的言辭攻勢下，我又答應了。我氣我自己柔弱，連個『不』也說不出來。」我知道這是許多人的通病。

「你常常覺得這樣嗎？還有過什麼不愉快的經驗？」他一口氣又說了幾件不適的經驗。於是，我告訴他：

「設法改變你自己，擺脫你所謂脆弱的性格。」

「這就是我找你談的目的。」於是，我告訴他：

「方法並不難，只要你試著去練習，就可以獲得改變。你很容易妥協，接受別人不合理的要求，那是長期以來你養成了過度尊重別人的意見，而疏略保護自己的習慣所致。其實尊重別人是一種優點，所以你是受人歡迎的人。對不對？」

「我跟別人相處都能融洽，只是我經常犧牲自己，覺得很受委屈，事後又自責為什麼那麼不爭氣，然後陷入情緒不安的狀況。」

「那麼我希望你跟別人談判事情時，扮演一位受託的談判者，就像代替別人談判一樣，為委託者爭取應有的平等待遇。那時，你就能說出你的堅持。」

於是，我們做了扮演的練習：他扮經紀人，為一位歌唱家談生意。隨後，又練習了其他幾個談判角色。我看他越來越能為委託者設想，表達應有的堅持。於是我說：

「對了！以後就像經紀人一樣為自己講話，就用這樣的口氣和態度說話，便能順利達到目的。」

我們最大的敵人往往是自己。如果對自己做不好的評價，信心自然建立不起來。倘若自己沒有充實新知，面對情境缺乏準備，就容易六神無主。如果你不尊重自己，那就不能挺身爭取應有的權益。

人若不能為別人設想，不尊重別人的需要和自尊，將會成為一個侵略者。他會越來越孤獨，失去朋友。反之，如果不能挺身保護自己，將會變成焦慮的受害者。真正的互愛就是同理、了解、尊重和互相給予，所以愛是精神生活的甘泉，是孕育幸福之路。

不過，我覺得愛來自性格的重構。人若想發展健全的性格，在生活中表現出自信和堅毅，能發揮影響力，就要從以下三個方面，勤作練習。透過這些練習，性格更臻健全，自我功能就能得到開展，適應性、判斷力和情緒狀況，都會得到良好的發展。對生活與工作的挑戰，就較有把握，而能堅持去完成它。

首先要有健康的自我評價。發現自己的優點；要從自己的優點中，歸納出對自己的好評價。它給自己信心和勇氣，去遂行既定的目標，抗拒別人的嫉妒和阻撓。當我對學生問道：

「你有什麼優點嗎？你覺察到你的優點嗎？」

「老師！我實在看不出我有什麼優點，我就是現在這模樣，你看我有什麼優點？」這樣的回答往往引來班上同學的大笑，而其他被問到的人，則常常有錯愕答不出來的情況。於是，我給他們一項功課，必須列出自己優點的清單，越多越好，鉅細靡遺，想什麼記什麼，但要真實。一週以後，我要他們歸納，做成優點綱要。這時學生告訴我：

「老師！我沒想到自己有偌多優點，我還不錯嘛！」接著我要他們依自己的優點，寫出它有什麼用，能幹什麼，若加以開發，可以發展成什麼事業。結果，他們說：

「天啊！我還真不賴嘛！」

「啊！我對自己肅然起敬！」

「現在，我可以真正了解禪家所謂：『眼前這個人一切具足，用起來非常方便。』這句話是真實的。」

健康的自我評價，造成完整的自我認同；內在的心理世界，不再四分五裂，不再批評貶抑自己。內心安定了，堅毅和自信就自然出現。反之，如果一個人從孩童開始，就常被批評和貶抑，甚至虐待和凌辱，那麼孩子的自我評價就變得很差，人格發展就受到扭曲。因此，父母要常常鼓勵孩子，欣賞他的能力和優點，說出他表現行為中值得肯定的部分。

我發現越少被肯定的孩子，自我評價越低，心理生活容易失調，社會適應顯得較差。至於偏差行為的孩子，則往往是自我受到貶抑，導致自我認同不完整的結果。因此，教育上要多欣賞孩子的優點和成功，多肯定孩子們好的表現。我們的社會正缺乏一副好眼睛，去賞識人的優點，這是造成社會性格發展不健康的重要因素。

其次是不斷充實自己。人因為不斷學習新知及參加社交等活動，而提升自己的能力，從而發展更多的優點。那會令人覺得自己有價值、有信心，敢堅持下去或做點應有的冒險，有面對困難的把握。不斷充實自己，正是能源源不絕給自己支持和打氣的方法。它不但增強了自信，也提升了自我功能。我問眼前的學生：

「你今天學會了什麼能力？」他們會很靦腆地不知怎麼回答。

「請想想：今天你增加了什麼能力或新知，新學了些什麼生活要領，學到些什麼以前所不會的能力？」幾乎被詢問的人都會低著頭，彼此陷入等待的尷尬。

於是，我出了一樣功課。請他們在晚上想想，記下自己在一天中學到什麼活用的能力或本領。不分大小，不分知識、情意或技能，都把它記下來，只要記下自己學會了做什麼。一星期結束，把它做歸納整理。同學們又驚訝地說：

「天啊！每天都是學到書本中的知識，至於生活、工作和待人接物，幾乎闕如！」

「糟了！我連書本上的知識也並不真的懂，更不會運用，遑論其他方面。」

他們開始謙虛起來，而有了學習的警覺。他們意識到沒有真正充實自己的危險。於是，我們討論該怎麼做，結果是：

- 要在生活中學習真本事，它永遠學不完。
- 要認清自己的情緒，並知道如何控制和紓解。
- 要有廣博的知識和多方面的能力，所以要多多閱讀。
- 培養自己認為該培養的好習慣。

● 多參加活動，且於參加前預作準備。

其三是學會堅毅。心理學研究指出：堅毅的人，能以信心和決心面對改變，能熱切地視之為轉機。反之，不堅毅的人，一遇到挑戰或逆境時，會備感受威脅和無助。根據柯巴沙等人的報告，堅毅者有三種人格特質，這些特質有助於抗壓力，並將工作做好：

● 熱中於所做的事，對於自我、工作和重要的目標有所執著。
● 感覺生命在掌握之中，對面臨的變化有掌控感。
● 將改變視為挑戰而非威脅。

貝爾公司在一九八五年後，由美國電話電報公司（AT&T）獨立而出。他們選擇二百位承受壓力較大的成員，經過八年的追蹤觀察，發現有一半的人愈戰愈勇，另一半的人則病倒或表現不良。經過分析，發現那些在壓力下仍能保持健康和活力的人，確實比較堅毅，他們表現於對工作的執著，有掌控感，並樂於接受挑戰。

堅毅的人，不但有如上特質，他們也較能婉拒不適當的請求。他們知道怎麼表示批評而不貶責別人，他們的性格和藹，同時也表現得莊重。一位學生問道：

「怎麼學習把莊重、和藹和堅持，結合成為自己的儀態？」

「觀察。當你看到有一個人具有這種特質時，你就跟他學習。你要留心，狂傲的堅持，令人感到冷漠；和藹可親的毅力，則能令人敬佩。只要將所學習的言行舉止，自然而不造作的表達出來，那就成為你自己的風采。」

「這一來，我不就失去本有的風貌了嗎？」

「注意！終究是在於表現你自己的思想和感情，而非抄襲別人。」

從唯識心理學的觀點來看，安定的心能讓心智投注於生活和工作，能維持良好的抗壓能力，讓自己發揮好的精神力，把工作做好，並讓生活覺得安定幸福。如果你想在多競爭的社會裡挺得住，那麼健康的自我評價、不斷充實自己和培養堅毅力，是值得你勤練的功夫。

2 在運動中培養堅毅

區隔哪些是我能著力的，哪些是我無能為力的。對於那無能為力所造成的情緒，將隨著運動時的耗氧過程，把它化作鎮定和耐心。

運動可以培養安定的心情和敏捷的思考。勤於運動不但可保持身體的適況，而且可以培養精神的力量，充實生命。天天運動，就可以保持活力，減低生活和工作中所產生的壓力。每天抽出時間運動，讓身體吸氧，流點兒汗，可以帶給你殊多好處。

帕德絲、古特雷和布瑞克林（Emrika Padus, William Gottlieb & Mark Bricklin）等人合寫的《情緒管理手冊》一書中指出：「天天運動能強化情緒健康，增進精神力，還能治療沮喪和心理困擾。」運動經研究和臨床證明，具有下列效用：

- 增進活力。
- 消除緊張和壓力。

● 強化身體抗壓機能。
● 減少敵意和性急的行為。
● 腦力清醒，增加專注和記憶力。
● 增強積極的自我形象和自信。
● 感覺身心舒暢。
● 增進良好睡眠品質。
● 緩和沮喪的情緒。

看看這些運動的好處，就應該下定決心運動。我在五十歲以後，運動就更勤快了，至少每週維持三至四次登山漫步，每次約一個小時。現在，我盡可能每天作運動，以保持良好的精神力；不登山就到公園慢跑，即使下雨天，我也撐著傘走出去。

無論登山或慢跑，只要持續五分鐘之後，心情開始寧靜下來。身體自然的運作，會覺得心無旁騖，感到安定的效果。佛家所謂的行禪，是指專注在森林裡步行的修持。但每當我獨自登山時，很快就領略到個中禪味。這是一種安定，心曠神怡，頭腦清醒地思考。也許你會問我，在思考些什麼？老實說，那就是思潮洶湧，自由遐思，但沒有任何壓力或煩心。那是一種渾然忘我之感，而非苦思多慮的憂煩。這就開始進入行禪的冥思；這時會專注地欣賞景物，聆聽蟲鳥歌鳴，神往於綠樹青山。

登山是很美妙的，腳步和著呼吸的氣息，化作單純容易鎮定的節奏，很快就進入無思的寧靜。不但在心理上產生變化，血液的化學平衡也達到較好的狀況。這時會發現陽光篩落的樹蔭，呈現無比清涼神奇，和風令人陶醉，從而體驗到玄妙的經驗。

每當我運動回來，總是精神飽滿，思考敏捷，可以有效率地工作。過去，我一直肩負著沉重的工作，運動是我精神力量的來源，也是工作創意的酵母。現在，透過運動令我專注的寫作和思考，並增強從事教育和助人工作的熱情和活力。

人免不了有煩惱，只要騰出時間作運動，幾分鐘之後，憂煩漸漸鬆解，面對問題已然胸有成竹。這時該去做的，就會有精神和信心去做；無可作為的，會不再浪費時間去憂愁，把它擺開一邊。登山或運動，給人一種全新的思考，去區隔哪些是我能著力的，哪些是我無能為力的。對於那無能為力所造成的情緒，將隨著運動時的耗氧過程，把它化作鎮定和耐心。

養成運動習慣，就會對自己的體適能有信心。這能減低你的驚慌、緊張和敵意，並領略到從生理傳達而來的愉悅，令人感受到生命的實現。美國著名心臟科醫師喬治・希恩（George Sheehan）極力推崇運動的好處，他說：

「運動的基本功效，是使身體進入適況。適況是令人快樂的經驗，它正是大家所期望的狀態。所以，你該依自己的個性選擇一種運動，努力以赴。

「適況的身體是生活藝術和身心協調的基礎。有了適況的體能，每天一早起來，你就能從事該做的工作。

「當你運動時，會發現自己內在的那個人。然後，你可以透過專注、耐心和鍛練，演變成那個人。其實那就是真正的自己。」

每週做三、四次運動，每次維持三十分鐘，運動的方式包括快走、做柔軟體操和伸展軀體。參加希恩醫師健身活動計畫的人是五十六到八十七歲的老年人，經過六個星期之後，這些人血壓降低，體內脂肪減少，氧氣最大輸送量增多，神經肌肉緊張現象減少。他們的健康和精力，都得到改善。顯然，運動對老人的健康亦極有幫助。

運動可以維持最高水準的生活品質。你不要把物質享受、財富、地位當做生活品質的重要因素，真正生活的品質應建立在健康上。我札記過運動對身體健康的好處，並把它貼在書架上，用來砥礪自己天天運動：

- 運動使心臟更有力，泵出更多的血，在進行劇烈活動時，不必博動太快，就能滿足實際需要。
- 運動能降低低密度脂蛋白膽固醇（LDL）三酸甘油酯的濃度，有時甚至使膽固醇的總量減少。更重要的是它能使有保護作用的高密度脂蛋白膽固醇（HDL）增加（它具有清潔動脈的效能）。
- 經常運動可以減少冠狀動脈心臟病的機會，平均壽命則顯著延長。
- 對抗地球引力的運動，如跑步、步行等，能增加骨骼中的鈣含量，防止骨質疏鬆症與衰弱性骨折。
- 對五千多名在大學時代做過運動的人做長期研究，有運動的婦女較少罹患乳癌和生殖系統癌。
- 運動可以延緩衰老，保持矯好的體力。

運動的好處殊多，為什麼有偌多的人不肯運動，反而求助於進補呢？也許你會說「我太忙，我沒有時間」。不過，如果你不肯騰出時間來，健康的機緣會不斷流失。等到有時間，可能已經喪失你的健康和活力了。

現代人生活在追求效率、競爭和多元價值的社會裡，心理壓力大，緊張和焦慮是普遍的精神困擾。研究指出：運動之後焦慮即可減低。肯尼士・庫柏醫生（Kenneth H. Cooper）並建議，如果希望借助運動來減低壓力，不妨將運動時間設定在下班後和晚餐前的時段，那樣能有效清除一天累積的壓力。

依我的觀察，長期不作運動的人，顯然比較焦慮、易怒和恐懼。就是在工作適應、人際關係和家庭生活的品質上，都要比作運動者差。有不少人來晤談時，我一眼就看出他長期不作運動，我告訴他：「每一個人都有辛苦遭遇，這是生活必然要承擔的事。所以，別想苦難會自動消失，要培養承擔它的心力。」對於這樣的人，我的建議是：

- 承擔：心甘情願去面對現實，不要抱怨。
- 運動：透過運動培養堅毅的精神力，去解決問題。

美國威斯康辛大學葛瑞斯特（John H. Greist）教授指出，固定的運動，能強化三種性格特質：

● 精幹：能發展成功和精明的自覺，遇到困難時較有把握和信心。
● 耐心：肯長期耐性作有規律的運動，從而培養了堅忍的毅力。
● 積極：固定運動會取代先前養成的壞習氣，從而發展出積極的特質。

人的性格特質雖是長期生活經驗的產物，但是透過運動，則可有所調整，變得更健康更堅毅。心理治療師柯斯楚巴拉（T. Kostrubala）在《跑步之樂》一書中陳述跑步使人積極，不再沮喪。他說：

「跑步之所以有效，是因為它改變了人格特質，它能增進自我價值，使自己更有自信，逐漸感受到自我的力量。」普度大學的伊斯梅爾（A. H. Ismail）教授則說：

「現在我們知道，成人的人格是動態的，不是固定不變的。經由運動，可以做改變；它能使人格導向積極正向發展。」

研究指出，那些情緒不穩的人，透過運動而有明顯的改善。對於憂鬱和沮喪的人，持續的運動，症狀亦會明顯減輕。因為運動能促進腦內啡（endorphin）的分泌，而使人覺得愉快和舒適。

運動有助於專注，提高記憶力，對於創造力的增強亦有幫助。研究亦發現，記憶力衰退的老人，也因運動而有所恢復。在諮商經驗中，我發現許多青少年過度用功，睡眠少，運動不足，被考試的緊張和焦慮所困。他們的反應是昏沉，注意力不集中，記憶力減退。對於這些人，我誠心地建議：把生活作息安排好，每天抽出時間做運動，不但能振作精神，讀起書來也事半功倍。運動對青少年建立自我價值和信心，具有關鍵性的作用。

運動可以養身，可以養心；它能帶給人良好的生活品質，孕育堅毅和樂觀的精神力，從而形成良好的自我價值感。我每天都抽出時間運動，不是登山就是慢跑，不是耗氧的運動就是柔軟的運動。相信運動是幸福人生不可不為的大事。

3 保持你的肯定性

每一個人都應該培養自己的肯定性，它影響生活品質、人際關係和處理事情的績效。不但關係個人生活的品質，與整個社會正義和風氣也息息相關。

在平常與人相處中，每一個人都有情緒、感受和意見。如果情緒穩定，不陷入懼怕和焦慮之中，則心情是安定的。這時自己的感受或意見，就能中肯清楚的表達，對方也能清楚地知道你的心情和想法。這就是一個人的肯定性。

肯定性好的人，不但情緒比較穩定，容易正確地表達己見，而且對於維持自己的權益，也表現較佳。肯定性是心意安定的狀況，能表現較好的情緒智慧，同時在人際關係上，也顯得比較自然得體。

肯定性好的人，較能誠懇直接地表示自己的感受。比如說，你的朋友幾次打斷你的談話，或者把你的隱私說了出來，當時你會覺得不好受。如果你能婉轉地表達你的感受，而不是生氣指責對方，也不是壓抑，在內心裡嘀咕抱怨，那麼你的肯定性就表現出來了。

在生活與工作中，肯定性是很重要的。在職場上，可能遇到有力人士的關說和誘惑，也可能碰上阻撓的壓力。你必須有良好的肯定性，做正當的表示。這種情況，壓抑對你有害，會產生諸多後遺症；強烈的攻擊性反彈，也未必符合現實法則，而且造成新的阻力或衝突。

在日常生活中，我們常常吃了不好意思的虧。例如你上了計程車，司機一路對你發牢騷，你不好意思婉拒，只好壓抑自己讓他轟炸，到了辦公室才向同事抱怨，這於事無補。其實，你可以很肯定地告訴司機：「對不起，我現在很累需要休息一下。」或者你拿出資料來看，肯定表示：「先生，我正在準備資料，對不起，不能陪你聊聊！」這個問題很快就可以解決，無需賭著氣，也用不著煩心。

缺乏肯定性特質的人，在家庭生活上，所產生的問題尤其多。一對新婚的夫妻，相處不到一年，彼此開始不耐煩，都責備對方不了解自己，而經常鬧意見。其實，他們的真正問題是以賭氣代替溝通，以壓抑代替真心說話。比如說，先生有事，卻勉強答應陪太太週末回娘家，結果先生一路賭氣抱怨，於是爭吵起來，這是非肯定性在作怪。反之，先生不顧太太的感受，也沒有商量的餘地，拒絕又責備太太：「你一天到晚只想著娘家，乾脆回家去好了！」這就是侵略性作怪。

這兩種特質，無論發生在任何一方，都是婚姻關係的害蟲，要設法改為肯定性的交談才行。

「我們是該回去探望他們，不過有一件業務必須處理，可否下午再出發？」

「那也好，早上的時間我可以整理一點家務！」

「那太好了，就這麼決定。」

人能真正表示自己的意思，又肯去了解別人，進行溝通，協調出可以共同接受的意見，那就是肯定性性格的表現。一對夫妻一起到館子用餐，慶祝他們的結婚紀念日。當服務生端來的牛排太老時，請看先生怎麼回應：

● 非肯定性者：一看到燒得太老太硬的牛排，皺起眉頭，開始念念有詞的抱怨。但他沒有向服務生表示：「這不是我點的嫩牛排！」反而對他說：「很好！一切很好！」然後很不滿意地吃它，在太太面前抱怨，後悔沒有及時更換它！

● 侵略性者：看到端來的硬牛排就發火，不管服務生是否端錯，把她叫住，迅雷不及掩耳訓了她一頓：「妳有沒有耳聾，妳知道我點的是什麼嗎？」

要求更換牛排。他以為他完全掌控這件事，但他容易傷人，把氣氛搞得很糟。用餐的氣氛於是受到破壞。

● 肯定性者：他肯定而有禮地告訴服務生：「我點的是嫩牛排，這可能弄錯了！」然後請她更換。夫妻倆很滿意地用了餐，並保持良好的氣氛。

在親子互動中，父母親若屬於肯定性的人，他們對子女的教養品質，會大大的提高。無論在待人態度、生活藝術及思考方面，都會表現得比較講理，並能維持一定的堅毅和肯定性，這些孩子能有效地守住原則。我發現非肯定性的父母，容易培養出缺乏生活規範的孩子。因為他沒有堅持原則，以致孩子缺乏紀律，到了青少年時期，這些孩子容易有偏差行為。

至於侵略性性格的父母，則過於強勢主導，甚至使用高壓、暴力或體罰。面對這樣教養的孩子，會養成焦慮性格，他們緊張和懼怕，但在長大之後，亦可能反叛父母，並吸收父母親的行事風格，而成為一位侵略性高的人。

在非肯定性和侵略性家庭長大的孩子，容易出現自我認同不完整的現象，偏差行為多，焦慮的行為反應亦強。這類家庭極易養出邊緣人格的青少年，他們雖能正常生活，但總有揮之不去的衝突、心理困擾或偏差行為出現。這是值得注意的問題。

因此，每一個人都應該培養自己的肯定性。它影響生活品質、人際關係和處理事情的績效。心理學家阿培第和安蒙茲（Robert E. Alberti & Michael L. Emmons）提出練習肯定性的技巧，只要你照著它檢討改進，很快就可以做一位有尊嚴又有肯定性的人。

首先是你的語言和肢體語言。跟人說話時要正視對方，接近他，坐在適當的位子，維持適當表情。例如不可以在憤怒時露出微笑，說話要堅定有禮貌，這些是肯定性特質。反之，有些人不停點頭，說話好像在乞求別人一樣，那就表現出非肯定的行為。

其次是時程。要能及時表示你的情感或意見，不要拖延到問題發生，或者壓抑到問題變得嚴重。許多婦女，未能及時表示對先生浪漫行為的介意，而錯失預防在先的效果。不過肯定性亦表現在你的反應方式上，例如適當的表達，注意在私下傳遞你介意的感受。

其三是溝通。你能誠實地說出你的感受，但在說話時，要對事不對人，不可貶抑對方，而要有技巧地說出自己的感受。例如太太對先生說，「在聚會上你沒有把我介紹給朋友，我會覺得很孤單！」

其四是避免小題大作。大可不必為小小的問題咶噪嘮叨或興師問罪，適當的寬容，不但不影響你的肯定性，反而襯托出你的氣度。

其五要認識自己的內在情緒。感受會牽動行為，你必須清楚了解自己和別人的關係，才不致升高焦慮。你當然有權依你的行為、思想和情緒，為自己作主爭取；但你也可以說：「我並不介意！」

其六是彼此互動的技巧。在表達的語言上，要用「我」開頭來表示自己的感受，例如「我覺得很孤單」而不是「你根本就不在意我」。在意思表示時，要注意客氣，語氣是可以分出輕重的。例如在公共餐廳禁菸區用餐時，坐在你前面的人在抽菸，你可以說：

「先生請你把菸熄掉好嗎？」有禮貌的表示請求。如果得不到回應，你可以使用稍強的語氣，加一點你的感受在內而說：

「我覺得很不舒服；菸吹到我臉上覺得難受，請你把菸熄掉好嗎？」倘若他還是沒有回應，那麼更強的語氣應該是：

「你噴出來的菸令我非常不適，請你熄掉它，如果你執意不肯，我就請經理過來。」

肯定性不但關係個人生活的品質，與整個社會正義和風氣也息息相關。我們的社會對於侵犯別人權益、防礙生活安寧的事，很少有人挺身出來指正。社區裡的麻將聲，公寓裡的狗吠、音響和鋼琴聲，在樓板上跑步的驚天動地聲……鄰居講了不理會，你也拿他沒辦法。我倒覺得，肯定性行為特質之中，最重要的還是自我肯定，能為自己負起必須的責任。

每一個人都應培養自己的肯定性，透過它，我們才能表達自己的感受，增進主動性的行為。肯定性強的人，心理健康好，人際關係亦較和諧。此外，透過這項特質的培養，可以建立良好的自我意象，增進自己的積極性，引導自我實現。

4 認清生活的不確定性

想要在無常的現實中，活得自在些，就得認清生活和工作是不確定的現實，看清楚並接納這個現實，反而有助於生活的開展。

生命本身就是一個不確定的狀態，因為它有生老病死。生活也是不確定的，因為環境的變遷，潮流的更替，人是處在滄海桑田、物換星移之中。人好像列車上的乘客，看來穩定地坐在位子上，事實不然，車窗外的景物，不斷地與你擦身而過。因此要認清：世事多變，你不會一直那麼年輕貌美，不會一直都保持順利安穩；當然，也不會一直都陷在逆境之中。

生命與生活的現實，是不確定的，但我們卻期望一切是確定的。我們不能接受這個事實，便去排擠它，去抗拒它，去否認它，於是陷入痛苦和惡劣的情緒困擾之中。

親子之情是第一個不確定的現象。當孩子長大成年之後，開始有他自己的生活。他已成家，有自己的子女和工作，但有些父母仍然希望孩子能承歡膝下，跟他無話不說。於是，過度介入兒子和媳婦的生活，造成許多糾紛和困擾。有些父母向我傾訴子女的不是。我總是耐心地開導他們：

「年輕人有年輕人的生活，固然兒子小的時候百依百順，現在不像以前那麼親近，可能是忙於工作，忙於社交，忙於處理他們的生活壓力。要了解他們，不要太挑剔。要認清生活的不確定性！如果你認為一定要怎樣相處才會滿意，那就會陷入痛苦。」有一次，一位父親很不解的說：

「兒子和媳婦本來就要聽長輩的話，沒有經過父母同意，怎麼可以搬出去外頭住呢？那就是不孝順啊！」我向他解釋：

「兒子成家之後，是否跟你住在一起，這是不確定的事。如果有需要，分開來住，反而相處更和睦。現在你執意他們不應該搬出去住，那麼衝突、不滿和失望，就從那個刻板的觀念中冒了出來。

「你學佛，就要趁這個機會，去體驗無常的現實。你若能接納不確定性的現實，設法面對它，親子之情依舊存在，彼此之間反而更知心，更覺溫馨。有一天你會發現愛與包容，超越了不確定性，而實現了美好的親子之情。」

孝順也是不確定性的。父母親年老了，他們體弱多病，行動不便，在整個生活適應上有很多困難。你別以為，只要給他請個傭人就是孝順，給他醫藥和奉養金就是孝順，這也都不一定。唯有在生活上去了解他、接納他，給他們一些心靈上的安慰和溫馨，才是表現出為人子女應有的孝心。

人的一生是不確定的，要習慣於不確定性的情境，在情緒上才能維持隨遇而安。我年輕的時候，曾經做過買賣，舉債承包一大片的果園收成。心裡盤算著，這筆生意一定可以賺錢。不，話別說得太早，不確定！因為有很多變數在影響最後的結局。一陣颱風，可以把滿山滿谷的果子吹落一地，連你的眼淚一起吹落！市場的不景氣，可以在豐收的季節，讓你賺不到餬口之資。有一天，一位長輩告訴我：

「生意人心裡頭沒有一刻閒著！」

「為什麼？」我疑惑地問。

「投資大，冒險多，能否賺錢又不確定。我很怕不確定和不安全的感覺，所以決定不做買賣，為人幫傭比較妥當。」他果然不做生意，一輩子為人幫傭，賺點工資過日子。他一生多愁善感，焦慮不安，因為他一直要追求一個很確定的預期。然而，人生除了「無常」之外，有什麼是可以確定預期的呢？

越是追求確定的預期，情緒也越顯得不穩定。比如說，在工作上的意見，別人有不同的看法而批評你，與你爭辯。這時如果不能認清事情的不確定性，而失去包容的肚量，就會勃然大怒，產生嚴重的敵意。其實，每一件事情，大家各有不同的看法和評價。兩種以上的不同意見是正常的，問題是如何從中協調溝通，而不是拚得我贏你輸。認識不確定性，讓我們有雅量去面對衝突，有時間去把事情想清楚。

人很容易犯先入為主的錯誤，於是，先前獲得的資訊，反而成為後來面對問題的障礙。心理學上所謂的阻抗作用，就是抗拒接受新知，不肯調整原有的觀念和習慣，以適應新的生活情境。

誠如哲學家杜威所說，教育是一個不斷成長的過程，求知即是知識的不斷重組和改造。如果把自己的心智固定化，那麼思考和創造能力就很快萎縮，生命無異失去應變的能力。

我們可以說，追求確定不變的心理作用，就是佛學所謂的執著。當我們執著在確定的預期時，便與無常的現實格格不入，並在情緒生活上產生不安。一位從事行銷工作的女士，多年來一直保持頂尖的業績，她執著在非拿第一不可的觀念裡，每天都很緊張，怕失去榮銜寶座。她認為不得魁就是失敗，於是焦慮令她失眠，緊張令她全身酸痛。她說：

「我怕失去第一，所以每天都拚命地幹，不停的加班。我已筋疲力竭，盡心盡力，覺得後有追兵。我快要倒下來了。」我說：

「現在請妳回想一下，在妳尚未拿到第一業績之前，誰得到那個寶座？那麼再上一任又是誰？」

「長江後浪推前浪，以前當然有好多位得過第一的人。」她苦笑一下，接著說：「可是我輸不起！」我說：

「好多個奪標者構成了傳承，這表現出非確定的現象。你已得到它，未來不一定再擁有它，但也不一定會失掉它。它是非確定性的。妳要看清這個本質，得失心就不會太大，情緒自然安定。能夠如此，生活才會正常，精神才會振作。」

「可是我還是很在意它！因為老闆很誇獎我，重視我！」

「這就是你要認清的地方：老闆的誇獎也是不確定的。你想要在無常的生活現實中，活得自在些，就得認清生活和工作是不確定的現實，就得看清楚並接納這個現實。」

認識不確定性，反而有助於智慧的開展，對於生活與工作有諸多啟發性。一位企業界的經理人說：「當我初嚐成功的滋味時，受到重視，得到榮寵，讓我心理負擔增加，壓力越來越大，患得患失，令我經常失眠。後來，我從老師這裡學到寶貴的觀念。

「我開始學佛，從聽聞佛法中慢慢領會到無常的真理。當我認清不可能一直保持最好的業績時，開始放下執著的心理，覺得自在起來。自在感讓我更勇於發揮潛能。

「我慢慢領會到一個新的觀念：人就好像在湖泊裡行船，如果你把眼光盯住走過的波浪，那就是把心力放在虛妄上。因為那只是走過的波浪，它不是船的動力。人該著眼的地方是動力和未來的方向才對！

「有一次，老師指出：我們的心一直想去攀緣自以為確定的東西，想抱著它不放。結果，不是抱著自己過去的成功經驗不放，就是撿一點別人的經驗，卻食古不化，反而障礙自己的智慧。我們要特別提防，心理學上所謂的適應性退化（adaptive regression）；用過去成功的經驗來解決新的問題，結果失敗了，這是一種心智退化。

「因此，如果想要成長，那就要學習新的東西，觀察新的趨勢，參與新知的討論，要讓自己保持新的眼光才行。從無常的道理中，我培養了安定的心境，發展經營的新觀念。」

這位經理並告訴我說，他的家庭、生活與工作，都很順利。「我雖沒有非凡的成就，但我覺得過得成功。」我聽了他的話，很受感動，因為他真正實踐無常的道理，明白並接納「不確定性的現實」。我相信能把握這個道理的人，必然會是生活與工作的贏家。

5

人生不能怯場

怯場是必然的，但不必怕它！克服臨場焦慮、避免慌亂的訣竅就是準備。臨場爭取成功的方法則是從容鎮定。

人生是一個艱難的歷程，要面對諸多挑戰和窘境，要完成不少重要任務。你在面對重要挑戰或抉擇，如求職面試、一場激烈的比賽、跟頂頭上司或名人談業務等等，不免有些窘迫、害羞或焦慮，這時身心即刻失去常態，便發生怯場。

怯場是心理有了不安，壓力令你失去鎮定。這時腎上腺素即刻開啟，心跳加速，呼吸急促，口乾舌燥，結果比賽不能發揮實力，交談變得勉強，演講的臨場表現令人失望。

常有年輕朋友問我，第一次上台演講時，是不是也怯場？我說：「當然有些怯場。不過，後來我發現很有成就的人，也跟一般人一樣，遇到某些特殊場面，都會焦慮緊張起來。所以你不必擔憂怯場，問題在於如何應付怯場。」

我第一次上台主持研討會，那是我大學的時候。在研討會開始之前，怯場得發抖。我盡量把它壓制下來，深怕別人知道。當時，光是壓制顫抖，就把心力花光了。

怯場時，除了發抖之外，會覺得恍惚，腦子一片空白，好像別人跟你說什麼都聽不進去。我好像專心在怯場，心無旁騖地緊張和焦慮。也許你會問我，當時是不是很窘，有沒有失態？我老實告訴你：

「始料所未及的好！那一次研討會，給了我全新的經驗，並奠定了演講的興趣和信心。我事先做了充分的準備，不但仔細了解研討論怎麼進行，對於討論的主題也閱讀很多資料。於是，研討會一開始就鎮定下來，不再發抖，準備的素材像行雲流水一般自然湧現。我不再擔憂，反而有如魚得水之感。會後，贏得許多誇獎和讚美，我簡直醉了，到現在想起來，還有些醺醺然。」聽我說的人，不禁大笑起來。

所以，怯場是必然的，但不必怕它！只要你胸有成竹，事先有所準備，屆時怯場的情緒，反而會轉化成專注和風采，令你更有創意地應付現實情境，潛能將得到意想不到的開展。

多年前，我在行政院工作，有機會與重量級人物一起開會。尤其是李國鼎先生，當時負責國家科學發展工作，經常邀請國內外學者一起開會和簡報。我留意到這些名人，第一次來開會時，大多不免有些怯場，他們緊張，不斷喝水，我也觀察到他們顫抖的手指。不過等到會議開始，他們的專業信心，卻把怯場變成專注和創意，而提出很有建設性的意見。

絕大多數人遇到某些情境，都會恐懼和焦慮。不同的是，有些人想逃避它，有些人則想出一套方法來克服它。逃避的結果，使焦慮的習慣固著起來，造成揮之不去的負擔，甚至擴大到其他生活層面，而限制其潛能發展。反之，當一個人勇於去克服它時，卻從中得到意想不到的潛能開發。

克服臨場焦慮，避免慌亂的訣竅，唯有多準備。不過，準備必須注意以下幾個要點：

- 用行動預作準備。查閱資料、了解現場、活動進行的方式、需要的工具等等，事先能預作準備，就會表現得穩當。
- 保持單純的態度，不要異想天開或顧慮太多。事前的緊張和焦慮，往往來自想了太多不該想的東西。

● 好好培養體力。無論做什麼，睡得好和吃得飽，能讓你有精力做事。

● 積極、不洩氣。無論你面對的是什麼，必須以能掌控的態度去參與。避免給自己洩氣，否則會不戰而敗。

準備的功夫必須卯足勁兒，這才能孕育真正的信心。每一次我主持會議，一定努力準備；做一場演講，那怕是很熟悉的題目，也一定踏實地做過準備。有許多人好奇地問：「為什麼你每一次談的內容，都有新的題材？」我告訴他：「是準備來的。」我知道，要是沒有充分準備，連取信自己都有困難，怎麼在大眾面前造成聆聽的氣氛和臨場交融之感呢？

談到單純的態度，目的是要培養自己的心力，好投注於你要做的事。這就是所謂當下的功夫。我年輕時，為找工作赴第一次面談，心情很凝重，因此想了很多，以為主試者一定很在意我各方面的表現。於是借錢添了新衣，期待給人好印象，但因為準備過頭，有些造作起來。當我去面談時，對方前後只和我說不到三分鐘話，結果泡湯了。現在回想起來，還覺得好笑。我覺得，凡事態度莊重，衣著整齊，有禮貌，抱著單純的態度，反而自然得體。請記得，越是單純的態度，也越能專心致志，發揮自己的實力。

臨場之前要準備好精神力，所以請避免在簡報計畫前一晚開夜車，不要在比賽前一晚增加練習。臨場前最需要的是睡個好覺，安頓自己休息，第二天起來，只稍花少許時間，做個複習或瀏覽一下資料，好好吃早餐，就有好的工作表現。我經常在各地演講或開會，一上了車，搭上飛機，就像旅行一般的愉悅；或欣賞風景，或小睡片刻，安然自得。給自己一點時間休息或鬆弛，不但精神好，表現也較出色。

你會洩氣嗎？你有這樣的惡習嗎？請把它革除，否則會令你馬失前蹄。人不可以自矜，不可以自負，但也不能動不動就打退堂鼓，給自己洩氣。當你不如意時，千萬不能在精神上放棄，而要努力為之。當你一敗塗地，覺得無地自容時，要提醒自己，這正是鼓舞自己的時候。洩氣的人，得不到別人的協助和信賴；洩氣之後，機緣有如寒冬降臨，一切陷入困境。

臨場爭取成功的方法則是從容鎮定。你不能太在意自己，越在意成敗，越驚慌失措；越在意得失，越不容易揮灑自如。心理治療師勞倫斯．敏茲（Lawrence Mintz）說：

「我在辦公室牆上掛著一面鏡子，用於上課前梳整一下頭髮。我在鏡子底下寫了一行小字：別太在意這個人。」

要想做到不要太在意自己，最好的方法是自我解嘲。只要能自我解嘲，就可避免讓自己陷入困擾，讓自尊得到保護，而不受傷害。敏茲甚至告訴我們，要經常對自己幽默。自嘲性的幽默，對增進自在感及保持從容鎮定，有很好的效果。他說：

「幽默是生活在這不完美的世界，和應付不完美的自我，最好的方法，我們贏不了時就一笑置之。」他又說：

「我們可用幽默來區隔擔心和真正的威脅；嘲笑生活中一些瑣事，才有精神面對真正的困境。」

懂得自我解嘲和幽默，自然會從許多壓力中解脫出來，顯得鎮定從容。你若能從嚴肅主題中發現幽默，自然會笑得開來。最近，有一位朋友受到誣蔑和流言的傷害，我找機會去安慰他。他說：「只有偉人才有流言的中傷，現在我已經晉級了；只有要成佛的人，才會受外道的考驗，現在你不能小看我了。」說罷，他大笑！美國幽默研究者康明斯（H. J. Cummings）說，當你碰到難題時，如何善用幽默呢？他建議：

- 準備一些幽默的諺語，失意時可以用它。
- 選擇一個舉動，如打個手勢，當你碰到為難之境時，用來區隔難堪。
- 可以開自己職業的玩笑。若你是老師，當你比賽輸掉時說：「我老是輸給學生！」
- 幽默比生氣好得多！如果有人老是遲到，你不要責備，不妨說：「好在你不是開救護車的司機！」
- 要跟能開懷大笑的人多接觸，學習他們的風趣。
- 記得世上沒有多少事是那麼嚴重的，不妨置之一笑。

在事過境遷之後，不要把當時的挫折、難堪和不悅，藏在心中，那會影響信心和豪氣，會阻礙你積極奮鬥的心志。要注意，別鑽牛角尖，要看得開。

心理學家亞倫・貝克（Aaron T. Beck）說，只要依照這幾個方式去看不如意的遭遇，就會消沉而振作不起來，你相信嗎？

- 誇大你的痛苦、哀傷和損失。
- 無視於積極面。
- 總是想到事態對自己不利。
- 陷入二選一的僵局，非完美則不取，不成功就成仁。
- 直接想到不利的結果，不考慮在過程中努力，可以改變結果。

生活就是一場活動，無論做什麼，都要面對現實。如果臨場懼怕，面對挑戰時懼怕，對著自己的遭遇焦慮不安，就會變成生活的怯場者，生活的品質就會惡化，幸福感於焉不存。反之，將是一位勇於面對現實、有豪氣去克服困難、追求快樂人生的人。

6 冷靜面對危機

要在失敗中記取教訓，這才能夠越過危機，找回應有的補償。每一個挑戰，都是一種壓力、震撼和威脅。健康的人不會被這些危機擊垮，反而冷靜地面對威脅。

人免不了遇到麻煩，產生大的壓力；如親人逝世、失業、重病、子女出問題等等。碰上這些壓力，都會發生情緒問題，心理不安，處理不當就會陷於危機。人類精神生活上的難題，都是對危機處理不當，不懂得心理急救，才讓困難發酵和惡化，甚至造成失衡崩潰。

心理急救是一種行動，而非紙上談兵的觀念。遭遇危機時，要站起來想方法面對它，而不是找藉口逃避，聽任問題繼續困擾自己。最好的行動是，先對付不合理的情緒，讓自己把事情看清楚。壞情緒比濃霧更厲害——它像濃霧中的洶湧波濤！不但容易令你迷失，而且會直接受到它的衝擊。

一位年輕人來晤談時說，大學畢業這一年來，她在職場上一直不順利，最近又和男友分手，說著說著就大哭起來。她說：

「我的人生真的徹底的失敗，找不到有興趣的工作；現在男友跟我分手，既失業又孤獨，十分沮喪和無助。」在她的陳述中，我發現她思考和情緒的死結：非成則敗，不全則無。在她的觀念裡，工作只有有興趣和沒興趣兩個選項，人生不是成功就是失敗，事情告吹就是失落。於是我建議她：

「工作的興趣不是現成的，妳得先找一個工作，只要它正當可以謀生，就好好投入其中。告訴自己：努力去做一件自己原本沒有興趣的工作，全力以赴，把它做好。那是人生很有趣的嘗試。」於是，我鼓勵她接下當天面談的新職。公司正等著她回覆去或不去，這是難得的機會。我向她解釋：

「人若把自己限制在興趣和沒有興趣之間，就會失去創造興趣的空間。多做幾件原本沒有興趣、但自認值得去做的事，可以給自己帶來寬闊的視野和經驗。人生路如果這麼走，那就會越走越順利，因為妳能適應的能力和興趣增加了。反之，路子會越走越窄。」她點頭同意，告訴我一定去接下那工作，努力以赴。我又說：

「好好接下那個工作，也容易擺脫失戀情緒的纏縛；新的挑戰把妳的心力帶到工作上，痛苦就會減少些。不要在家裡當一位失戀的沮喪者！」

「可是我確實失戀了呀！我們分手了，當然是沮喪的。」

「沒錯，你現在當然覺得沮喪。不過，要看清楚面對分手這件事，是不是有它的意義？它是你們感情的終結，但終結也必然打開了另一個開始。不要掉入二選一或不全則無的思考，要看清在成與敗、合與離、得與失之後，還有很多等待發現的珍奇！」

我們晤談一個小時，看著她的眼神露出一些信心，臉龐浮現新的堅毅。我提醒她：「知道了就要去做。」而且歡迎她參加每週一次的講經活動，每個星期為自己補充一些新的精神活力和智慧。

面對挫敗，千萬不可以從中敗退下來，要找出新的路，繼續走下去。生活之路不能中斷，不能在家裡當專職的失落者。人要把事情看清楚：即使在某一方面失敗了，但在其他方面還擁有很多。你有健康的身體，有家人，有朋友，有豐富的知識，有肯努力的毅力，還有堅定的信仰，你並不孤單，並非貧窮無依。

失敗是沉痛的；既是沉痛的，我們就不能白過。要弄清失敗在哪裡，學習避免錯誤。一位年輕人說：

「我失業了，是被炒魷魚的！」他臉上露出既不服氣又尷尬的表情。我專業性地反問：「為什麼？」他說：

「我被打了小報告，老闆要我走路；我本來對那工作就沒什麼興趣的，但被人開革總是不好受的。」

「那當然，尤其像你這樣有理想有抱負的人，感受就更深了。不過我還是要問你，是什麼原因？」

「我遲到四次，一個月遲到四次。他們就開革了我，好狠喲！滋味實在不好受！」他皺著眉頭說話。

「一次遲到是意外，四次遲到是壞習慣。你遲到了，整個工作團體就得因為你停在那兒，不能順利運作。你不能怪老闆，倒該檢討自己。工作是一個現實，而且是講效率的。遲到是壞習慣，影響公司的效率，這次被革職的事件，應該能帶給你新的啟示。」我鼓勵他，要在失敗中記取教訓，這才能夠越過危機，找回應有的補償。

成功是在失敗中獲得正確的經驗，一步步走出來的。因此，要注意的是不要憑白跌了一跤，要在跌跤中獲得真正的教訓。

人總要面對新的挑戰。每一個挑戰，都是一種壓力、震撼和威脅。健康的人不會被這些危機擊垮，反而冷靜地面對威脅。當你需要專注、努力去贏得一次挑戰時，不妨參考以下建議：

- 不要被別人的閒言閒語干擾，那是影響你聚精會神的噪音。
- 要保持沉著的態度，專心面對挑戰。無論競賽、完成艱難的計畫，都要透過專注以發揮潛能。
- 在最艱苦和決定性的剎那，要懂得對自己說些鼓勵的話。
- 要不斷增加難度，學習更廣博的能力，以應付未來的需要。

每一個人都有陷入苦惱的時候，不過這些苦惱往往是生活中瑣碎的事情；例如人際關係、工作上的衝突、感情與情緒上的困擾等等。處理不當，就會陷入死胡同裡。一位父親看到念中學的孩子經常晚歸，孩子已經明白告訴他，在學校圖書館念書，但還是不放心，不斷追問，終至與孩子造成摩擦。這一類的衝突，亦常發生在夫妻間的互動上。他們把問題想像得很嚴重，做了許多消極的類推，結果滿腦子都是懼怕、壓力和不安。

一位母親因為孩子功課表現不佳，便想像孩子未來的困境，推演到無路可走的悲劇。結果她睡不好、吃不下，對孩子做很多責備，家庭陷入苦惱的漩渦。我發現憂鬱症的人都有這種錯誤的思考習慣，他們縱容情緒性的想像，而且想到的都是不幸或不愉快的事件。腦子裡就像忘了關掉的悲劇電視劇，一集一集地演下去。如果你有這種不安或苦惱，建議你：

- 避免驕縱你的感受做判斷，要把判斷建立在可靠的資訊上。臆測危機只會帶來焦慮和不安，不能帶給你面對生活的本領和勇氣。
- 不要誇張困難，避免誇張危險性。要把困難、危機和面對的事情，拿出來做清楚的檢驗，判定真正要處理的是什麼，並想好怎麼做。
- 懂得放鬆，才會有清楚的思想；有安靜的心情，才會有解決問題的創意。運動、參與社交及娛樂活動，有助於培養鎮定和創意。
- 不被輕微的生理不適所擊倒，焦慮所引起的小病痛，經醫生檢查沒什麼問題，則可採取不理會的態度，這能使你釋然。

當危機來襲時，人會處於警戒狀態。如果不懂得緩和它的強度，則惡劣情緒會把思考擾亂，這時會不知所措地陷入慌亂和焦慮之中。我建議你：

- 把事情弄清楚，並將自己顧慮的問題逐一列出。
- 就每一個項目，逐一檢驗它是必然會發生，大概會發生，或想像它可能會發生，分別標示，把不該煩惱的臆測淘汰出局，以減少負擔。
- 再看看每一項有多重要，排出處理的順序。
- 寫出處理的方法，分別去執行。

一位中年男子，在事業失敗後，開始陷入慌亂，精神恍惚。他想得多，擔憂多，堆在一起不知如何處理。我給他一張紙，協助他一條條列出來，依上列的原則標示，並排列出重要性、處理的順序和解決方法。結果他笑了出來，他說：

「其實我的問題並不很多，有許多是想像出來的，是情緒性的顧慮，不是問題的本身。從這張草圖，我似乎比較能集中注意力去做什麼。」他接著說：

「過去我只是慌亂和不安，心情不好，自始就沒有精神去採取行動。現在，我決定要採取行動，心情也放鬆了許多。」我很支持他的體驗，鼓勵他去做，並告訴他：

「當你清楚怎麼做，並著手去做時，你的擔憂和紛亂，就像濃霧散開一樣，讓出清楚的路面，供你行駛過去。」

生命就是一個不斷挑戰的過程，無論任職什麼行業，社會地位如何，每天都要面對挑戰，面對種種問題和紛擾，這些都是生命世界的危機。不過，你越是看清它，知道怎麼應付它，它的威脅性就降低，這時就有信心和勇氣克服它。

伍

做創意的思考

在無常、變遷和無盡的挑戰中，我們唯智慧是賴。

我們生活的情境是無常變化的，無論是生產技術、經濟發展、社會結構、文化與教育等等，無時不在變遷。因此，既有的知識和技能，不足以應付新的需求和挑戰。為了有更好的創意，去解決諸多問題，我們開始重視創造力。也就是說，我們應著重於如何開展智慧，讓自己更有能力面對變遷，去過成功和喜悅的生活。

創造的心理歷程，是個人內在的心理特質與其生活中所接觸的事物，所引發全新解決問題的創作。創造的內在條件包括：第一，心靈的開放；這是開放自己的心靈，不再被防衛性或焦慮感所束縛，讓每一個經驗，自由神馳於內在世界，這樣能孕育創意。其二是保持自主的評價態度；容易被外界批評所左右的人，不容易有真知灼見的創意。其三是能夠把點子和觀念組合成有用的創造。

因此，如果我們想要提升創造活動，首先要從建立心理安全感入手，包括：

- 無條件接納個人的價值，對個人的意見、情感和表現予以尊重。
- 排除介入批評的氣氛，讓個人得以自由思考。
- 要從個人的觀點和感受，去了解神往，從而接納欣賞，而鼓勵個人的創造活動。

除了上述培養個人心理安全感之外，還要重視心靈的自由。透過自由的遐思和想像，創意的點子才會自然流露出來。很明顯地，慧是一種超越性的心智活動，不是知識性的組合和思考，它是對事象的檢驗、分析和認知，透過自由思考，所產生的創作。因此《唯識論》上說：

云何為慧？

於所觀境，

簡擇為性，
斷疑為業。

簡擇就是觀察、分析和判斷，斷疑就是使事理明朗，獲得解決問題的行動。

經上又說：

由慧推求，
得決定故。

只有透過智慧的運作，想像推求，才能看到決定性的真理。

我們在前一篇中已經說明，慧與定息息相關，創意的環境就是心理安全，而創意的點子則是自由心靈的表現。因此，創意思考包含甚廣，它是心靈活動中最令人驚奇的部分。由於篇幅所限，僅就幾個普遍使用的課題，加以陳述。

首先，要善用自己的創造力。它是一種水平思考，也是一種非限定性的思考方式。我們該注意的要點是：

- 碰到問題時，你可以選用的答案不會只有一個。
- 要懂得跳出成規的枷鎖，創意才有萌芽的可能。
- 要有努力，也要有悠閒，創意總是在悠閒中浮現。
- 他山之石可以攻錯，不同領域的激盪可以產生創意。
- 不要妄自菲薄，其實你的潛能無限。
- 不要怕錯，不要擔心別人見笑。

其次是生活的現實中，潛藏著許多發揮創意的機會，特別是做抉擇的時候，要善用創意。要避免二選一的刻板思考，要超越是與非，跳出接受或拒絕的窠臼。把現實擺在全新的思考台面上，重新看出它的價值、目標和處理方法。現實生活中蘊涵著創造的樂趣和契機，要善於把握它，發展成新的決定。在這一章裡，特別指出要當一位實現者，才會顯露創造的天賦；至於如何實踐它，則提出了五個要素供運用參考。

其三是發揮生命的活力。參透生命的意義是每個人終其一生的功課，唯有參透為何而活的人，才能迎接任何挑戰。參透就是一種智慧，禪者的開悟就是智慧的展現。在這一章裡，引用宗教諮商對於面臨生離死別沉痛打擊的人，所做的啟發和指引，令人看出創意智慧所發生的鉅大影響力。「一個人找到生命意義時，所綻放出來的生命力，不只是一種潛能的開放，而是本真智慧和創意的流洩。它超越一般的意識觀念和思考，形成一種單純而偉大的光明性。」

其四是實現希望的智慧。希望和願望是與生俱來的，實現希望是天經地義的事。不過，從諮商經驗中我們發現，不少人實現生活的創意被壓抑下來，不敢正面去實現它，反而逃避或扭曲自己的希望或願景，所以造成精神的痛苦和症狀。因此，我們要學會，「將自己的希望澄清，設法去爭取和實現，就是創造生命，同時也是生命智慧與創造力的流露。」

其五是活下去的智慧。造化賦予我們生命，是要我們活下去，並透過生命的活動而學習、成長和進化，完成心靈的圓熟。它就是智慧和慈悲，是創造力和生命的愛。生命發展的最終意涵，就是慈悲與智慧的圓融。它是最高層次的欲，是超越生命現象的光明和希望。

於是，無論人的遭遇如何，生命總是學習和成長的憑藉。人的受苦和挫敗，正是牽引他去克服，促進自己發展智慧和慈悲的關鍵。人所面對的，正是他來人間，必須設法回答的問題。這一來，就不能抱怨自己的不幸，而要心甘情願去承擔它，從中尋找心智成長的光明路。

因此，在這短短的生命歷程中，你是什麼，擁有什麼，這些並不重要。真正重要的是自己的心靈是否從不安、焦慮、卑怯和無知中解脫出來，步向智慧的光明之路。在這條路上行走的人，都得到生活的實現和幸福。

創意像陽光，在一般生活與工作中，它照亮事理，給我們帶來解決問題的能力。在生命的歷程中，創意帶給我們新的領悟，參透它的意義和價值，讓我們知道為何而活，而不再逃避困難，心甘情願地活出意義，使人性更接近佛性。

1 善用創造力

創意來自一種彈性的思考，彈性就是非刻板、非限定性的想法。創意好的人，適應力好，他們能彌補許多生活中的缺失。

大部分的人以為，只有在解決專門性問題時，才會用到創造力。其實，創造力是日常生活中，每個人都需要的。由於世事變得太快，單靠一套刻板的辦法，不足以應付需要。所以現代人必須善於應用創意，在家庭、生活和工作中，想出嶄新的主意，解決生活中的問題。

創造力並非神秘莫測的，而是生命潛能的發揮。它給我們新的點子、新的觀念和方法，為我們提供解決問題的線索。比如說，現代家庭由於婦女就業，夫妻財產由原來的共同財產，衍生為分別財產制，於是有些夫妻陷入兩種不同財產制的爭辯。我的一位朋友，卻創出一套適合他們的理財之道：夫妻有各自的財產，又有共同經營家庭的基金，其實這就是創意。

就拿教育子女而言，一般的方法是督促孩子用功。這沒有錯，但是每天都在督促孩子、耳提面命、庭訓孩子的人，往往不能把孩子教好。原因是刻板使用督促，沒有發展出活潑的談話、幽默的互動。父母親所以失掉風趣，使氣氛變得僵化嚴肅，是因為失掉創意，看不出讀書用功之外，還有許多值得欣賞、讚美和學習的東西。

創意來自一種彈性的思考，彈性就是非刻板、非限定性的想法。你如果只有一個想法：「讀完大學才找工作或做事。」那麼役男沒有考上大學怎麼辦？是把身體養得癡肥來逃避兵役，用健康來換取重考的機會？抑或換個新主意：「反正要服兵役的，服完兵役再考大學，或者那時還可以採取半工半讀的策略。」創意好的人，適應力好，他們能彌補許多生活中的缺失。

人最怕只有一個點子，抱著它從一而終。那對生命是一種壓抑，不是成長。心理諮商大師卡爾・羅傑斯（Carl R. Rogers）指出，創意是實現自己的傾向，是一種潛能的開展。

創意是思前所未思的現象。它是一個全新的想法或行動，源自於個人獨有的內在特質，和生活所面對的人、事、地、物的激發。就內在的心理世界而言，必須有實現的動機、開放的心境、悠然安全感的心情。一個成見很深、刻板觀念很重、防衛性和焦慮感強的人，是不容易開展出創意的。

一個防衛性強、焦慮不安、墨守成規的人，一遇到失業，可能陷入無助。因為他想不出別的出路。如果有，那唯有「另謀一份差事」一條，並相信這是最正確的點子。這種事情，換了心境開放的人，就有不同的主意。他除了找工作的想法之外，還有「去學一技之長，另謀新的發展」，或者「努力自己創業」等路子可以選擇。

要發揮創意，必須注意兩個層面：心理安全和心理自由。前者是對於個人尊嚴的無條件尊重，不受他人批判的干擾，和對事物做自由神往的想像；後者則是表達的完全自由。因此，為了激發創意的潛能，必須特別注意：

- 面對問題，答案不會只有一個。
- 跳出成規的枷鎖，不被刻板的印象綁住。
- 他山之石可以攻錯，激盪可產生創意，好點子往往從另一事物引發。
- 要有努力也要有悠閒。創意往往是在悠閒神馳中出現。
- 別怕錯。沒有錯誤的嘗試就不會有正確的發現；有時別人說是錯的，但事實上是對的。

●別妄自菲薄。如果認為自己不行，創意的火花才真正消滅。

首先談答案不只一個。在我們的教育體系中，經常強調標準答案。這使一般人以為，這個正確的答案，是無可取代的新方法。事實上，新答案和新方法層出不窮。過去企業界認為，只要增加工作時間，就可以增加生產；後來發現人性化的管理，比傳統的方法更為有效；現在我們正流行聖吉所謂學習型組織的策略，以增加企業經營的效能。

就心理健康而言，早期佛洛伊德發現，從壓抑到潛抑是心理症的主要原因。後來，心理學的不斷研究，發現不能自我實現，缺乏生活的意義，乃至倫理能力的敗壞、空虛及自我認同不完整等等，都是導致心理疾病的原因。所以有效解決問題的方法不會只有一個。

別忘了，晾衣服不見得非用竹竿不可；可用繩索代替，可以用衣架掛在窗簷下，也可以披在椅背上，這是你知道的。那麼，子女在面對生涯時，你為什麼會說：「你不用功讀書，將會走投無路呢？」讀書無非要學習做人做事，發展其生涯，我們怎麼可以把讀書變成生涯的唯一之路呢？

其次是跳出成規和成見。在成規之外，試著去看看：習慣於吃米的人，何不試試吃麵麥、雜糧？穿衣服時，你慣於先穿右手臂，何不試試從左手臂先穿會怎樣？舉個例子來說，一般人都是用實證邏輯來思考。我們常聽人說：「嗯，這不合邏輯！」因而排斥一個看似不合理的主意。不過，意義治療的創始人佛蘭克（Viktor E. Frankl）卻因為使用反向邏輯（paradox logics），而發現了獨特的心理治療技術。就一般人而言，羞於見人而發抖，要盡量抑制發抖的行為，以免現場難堪。但是，越想抑制它，症狀就越嚴重。他利用反向邏輯的方式，要病人在眾人面前，說出他懼怕而發抖，而且要抖給別人看。結果，想要抖給別人看的想法，卻治癒了發抖的症狀。

我在國內外參觀過許多學校，從國小到中學，甚至大學，校舍建築都很制式化。但宜蘭縣的中小學就是不一樣，在游錫堃擔任縣長期間，利用教育部國教改進計畫的經費，把校舍蓋得人性化，很溫馨，像個美麗的家庭，而且各個學校不一樣。其他縣市的學校，則用了相同的經費，蓋出制式的校舍。很明顯地，宜蘭縣的校舍蓋得頗有創意。

一般人會認為，學校怎麼可以沒有圍牆。「這一來，閒雜人不是很容易進去破壞公物嗎？」宜蘭縣的大部分中小學，卻把圍牆拆除，更有趣的是把民眾用的集會所和社教機構，蓋在學校旁邊，好共同使用。結果，住在附近社區的居民，反而更珍惜愛護學校，學校也就成為社區文教的中心。這也是打破成規，走向創意的嘗試。

其三是重視不同領域的激盪，乃引發創意的契機。不過你不能等到要解決問題時，才開始忙著接觸不同領域的經驗。

我年輕時做水果生意，每天從產地購進，次日載運到市場批發。當時我念高中，必須清晨四點半出發，賣完後，要趕在上午八時回學校上課。來回二十六公里，用腳踏車運送，速度慢，容易遲到。不過，我每一次送貨時，總會跟水果攤建立交情。進一步觀察出戲院附近的水果店，賣的是上品貨；一般菜市場賣的是普通貨；學校附近的商店，賣的是顆粒小的下品貨。後來，我說服他們同意，直接運銷所需品級水果，只收運送費，結果生意從市場的議價買賣，發展成運銷方式，節省許多時間，每天可以順利回學校上課。

學醫學和學工程的人在一起，就發展出醫工科技，研發出令人讚嘆的醫學新技術。有一次，我和台大心臟科名醫廖朝崧教授一起登山，邊走邊聊，他很有耐心為我解釋，冠狀動脈阻塞的治療技術。他說，我們可以從血管進去，把阻塞的那一段撐開，或者裝上一個金屬環管，以保持血液流暢。我對這種醫療科技極為欣賞，也請教了許多問題。最後我問：「這點子不知怎麼想出來的？」他告訴我說：「當研究人員想到工人怎麼修水管時，他們於焉有了點子。」

他山之石可以攻錯；不同領域的知識，因為偶然的經驗和觀察，都會在心理世界形成另一個啟發的靈感。我們知道塑膠袋的封口，是從植物的莢殼中得到的靈感；攻木蛉蛀蝕木頭的行為，卻啟發隧道開挖的技術。

其四是努力後的悠閒。人在經過專注努力、設法解決問題之後，要留給自己悠閒的時間。依我的寫作經驗，總是在努力閱讀、研究和思索之後，去登山或散步，這時靈感源源不絕而來，許多疑問也豁然貫通。其實，我寫作的點子，都是在散步或旅途，在飛機或舟車上浮現而記錄下來的。

悠閒使人超越現實，能讓自己神往於事理之中，這時一種自然的啟發，像天啟一般進入心靈世界。你得到全新的態度、想法或靈感，它通常是很好的點子。

實踐創意往往要突破現實的規範，它會令人暫時感到不敢苟同。於是批評、非難、排斥隨之而來，如果你在性格上有了懼怕的傾向，有了焦慮的心結，就會從創意中棄守。於是，怕成了創意的剋星。尤其是怕錯，怕別人嘲笑，怕下不了台，這些習氣會令創意夭折。因此，敢於嘗試，勇於發表，是敞開創意的必要途徑。

最後，要指出自尊的重要，不要妄自菲薄，不要怕自己外行，而自以為沒有創意。我相信認真的工作、努力思考和研究，在悠閒的時候，創意自然流露。創意免不了受人嘲笑，免不了出人意表，你不要被這些外來的批評打垮，那麼美麗的點子自然會出現。

2 藏在現實中的創意

要用自己的特質、價值觀和機緣來訂目標。行事有較多的彈性，不容易陷入不成則敗的僵化思考，因此比較有創意。

人每一天都在現實中創造和抉擇。它化作目標，化作行動，形成新的趨勢，更創造新的未來。生活的本質是承擔，要面對生活現實，並為它負起責任；要知道自己真正要的是什麼、能做什麼、價值在哪裡。你越能把這些問題結合起來想清楚，越能有創意的行動和抉擇。

抉擇不能脫離現實，更不能沒有創意。對於當下的現實，必須弄清楚，對於自己的決定必須有創意，並切忌意氣用事。如果你容易受情面干擾，那要避免急於做決定；容易聽信別人的意見，就要培養追根究柢和把事情弄清楚的習慣。要注意的是，所做的決定都必須由你來行動和承擔，而不是別人，絕對不能人云亦云，而要在現實中尋找創意。一位企業家朋友說了一個真實的故事：

有一天，一位外國製鞋企業家的第二代，來我們公司和工廠參觀學習。他要求跟著師傅實習做鞋樣。年輕人很認真，很投入，幾乎廢寢忘食，把師傅交給他的功課做完。要搭機離境之前，我的朋友問他：

「你對工作的投入和專注令我敬佩，相信你在決定製鞋行業之前，一定有過深度的思考和抉擇。」年輕人說：

「是的。起先我打算自行創業，不理會父親的建議，不繼承他的衣缽，不經營他的產業。我在大學主修企業經營，準備走自己的路；我壓根兒就對父親的製鞋事業沒什麼興趣。可是，有一天父親建議我，即使要創業也應該多參觀，多學習。他給了我一個機會，到世界各地參觀訪問。

「當然，製鞋業是參觀訪問的對象之一。我訪問了幾家製鞋企業之後，對製鞋的技術、各國發展的特色，有了濃厚的興致。同時，對於鞋子與腳的關係，有了更多的認識。我看出鞋子不只是一項工業產品，不只是民生的必需品，而且是給人帶來生活品質、舒適和愉快的東西，它同時是一種藝術。

「父親鞋廠所製造的產品已頗富盛名，相信我可以繼續精益求精。於是，我下定決心，要學習世界各地製鞋師傅的技巧，針對穿鞋的習慣和需要，設計出更令人滿意的鞋子。同時，對於生產、銷售和經營，體驗新的觀念。」

我的朋友談到這裡，若有所思地停頓一下。然後接著說：

「像這樣的年輕人，明白自己的決定和意義，努力投入其中，我不認為他是繼承父親的衣缽，而是正在做一個人生和事業的創造。我很佩服他，讚賞他。我相信正確的抉擇，能產生熱情、意願和行動。依我看，在企業界裡，能崛起、發展、永續經營下去的是屬於這種人。」他轉身過來問我：

「你認為抉擇是一種創造嗎？」我說：

「正確的抉擇應該有其基本特質。就人的性格而言，可分為兩大類型：一種是實現型的人，他們對人與事抱著熱心與摯愛，他們關心、負責、真實和了解自己所要做的事，構成一種成長和學習的態勢，他們有朝氣，也有創意。另一種是操縱型的人，他們把人與事當手段，為了暫時的利益去炒作，缺乏人道的目標和價值觀，而顯得冷漠、短視和激情，容易陷入失衡和衝突之中。

「錯誤的抉擇，不只思考和判斷出了差錯，最根本的問題是基本態度出了差錯。所以，要學習正確的決定，必須從自己最根本的性格和態度去努力。也就是說，要拒絕當一位操縱者，只想贏取一時的快意。要當一位實現者，他們的待人處事特質是：

● 要用自己的特質、價值觀和機緣來訂目標。

● 要有必要的資訊做判斷的參考，不是賭一時的意氣和衝動。

● 透過不斷學習，延伸自己的經驗和意志，來達成目標。他們不做一步登天的夢，但卻用毅力去實現他們的夢想。

● 行事有較多的彈性，不容易陷入不成則敗的僵化思考。他們知道這條路行不通，還有替代方案，因此比較有創意。

● 較少感情用事，不受制於情面；但卻能認真地聆聽別人的建議。

「你不覺得嗎？那位年輕的老外，具備許多上述的優點，所以能發展出特有的工作和生活情操。當一個人做了抉擇之後，能對它產生情緒與情感，產生融合效應，就能達到你所謂的認真、投入和創意。這本身又開啟了學習的動力，促使他成長和實現。」

「我能鼓勵子女學習它嗎？」

「當然可以。不過，要特別注意避免越俎代庖、替子女做決定。生活的抉擇是勉強不來的，有些企業家的第二代，並沒有承繼他們的衣缽，而在新的領域嶄露頭角。」我的朋友聽了這些話，點頭表示贊同。

談到這裡，我想起一對經營花卉的夫妻。他們的事業經營得稱心順利。請注意，稱心順利的事業規模未必大，而是從工作中襯托了生活的價值，從事業中實現了人生的理想。在一次展示會上，我看他們表情愉悅，信心滿滿，我問：

「你們怎麼能經營出那麼好的花園和產品？」

「因為我們喜歡花，所以蒔花接木，鬆土施肥，毫不以為苦。事業雖不大，但對我們而言已夠充實。」

「你們怎麼會有豐富的知識和技術，經營好你們的事業？」

「喜歡它，就會認真學習和嘗試；經驗累積越多，就更懂得研究和創新。成長與創造是樂於工作者很自然的結果。」

「你們怎麼做生意的？」

「啊！心情很重要。心情好就有勁兒去開拓市場，結下更多的人緣；有許多朋友幫助提攜我們，給我們成長的機會和啟發。」

我總覺得，無論做什麼事，決定正確就能帶來成長的機緣和條件。當然，必須配合並創造有利的條件，才能遂行正確的抉擇。有人以為決定只是做個抉擇，這是錯誤的。事實上，在你做決定之前，一定要有創意，並培養做抉擇的氣勢，然後所做的決定才能付諸行動和實現。

3

發掘生命的活力

透過悲智雙運的佛教信仰、博愛與知識的基督誡律，或儒家仁智雙修的道統，都不難發現，道德不只是為了約束和規範，它也給我們生的力量和承擔的勇氣。

在生活與工作的遭遇中，領悟個中的價值和意義，是生命世界中極為美妙的智慧。

人活著必然要遭遇許多艱辛，承受挫折、打擊和委屈。但有些人在面對痛苦時，卻能孕育良好的精神力；有些人則在挫敗之後，一蹶不振，再也站不起來。

意義治療法的大師佛蘭克說：「人能為他的理想和價值而生。人生意義的追求，是生命之中一股主要的力量。這個意義是唯一的，特殊的，是他獨個兒要去完成的。只有等到成就時，他才得到滿足。」他引用存在哲學家的話說：「參透為何，才能迎接任何。」當一個人能從生活挫折和痛苦中，找到它的意義和價值時，就有力量去承擔，去負起責任，而不再尋找藉口來逃避。

其實，人性含藏無限的潛能。你看到空難發生時，一位母親竟能抱著嬰兒，在嚴重的衝擊火燒中，自己粉身碎骨，而嬰兒得以倖存。她透過愛和意志，把人的潛能發揮到無上的力量。我深信人類透過愛和責任完成生命意義時，會使天地感動。我也深信精神世界的力量，就是來自這種崇高的生命力和純粹的智慧。它們都是本真的我（subjective self）的實現。

透過悲智雙運的佛教信仰，透過博愛與知識的基督誡律，透過儒家仁智雙修的道統，都不難發現，道德不只是為了約束和規範，而是承襲了心靈世界的光明智慧。它給我們生的力量和承擔的勇氣。

日本已逝的導演黑澤明，在其創作《生之慾》中，揭露了生命意義和精神力量的本質，就在於實踐愛和責任。當劇中的主角渡邊發現自己罹患癌症時，他開始恐慌起來，因為他自知沒有好好實現生命的責任。當他對此有所覺醒時，他努力去完成一件艱鉅的任務：做一位盡責的公務員，完成擱置多時的計畫──建造一座兒童公園。由於他的堅持和努力，許多困難克服了，公園終於落成。然而，渡邊卻在落成典禮上與世長辭。後來，在追悼會上，一位警官說出渡邊人生旅途最後的感人故事：

兒童公園落成的前一天晚上，夜深人靜，月明星稀。渡邊獨自一個人在公園裡。他在盪鞦韆，愉快地唱著這首歌：「人生如此的短，姑娘！妳去談情說愛吧，趁著妳嘴唇仍鮮紅，趁著妳身體沒冰冷，因為明天不會有。人生如此的短，姑娘！妳去談情說愛吧，趁著妳頭髮還黑，趁著妳心臟未停，因為今天不再來。」

渡邊所說的去談情說愛，是指生命之情與愛，是人生責任的實現。人從生之愛與責任中，得到意義，得到幸福，並創造了生活的光與熱。無論是在家庭、婚姻、工作與事業上，它的道理至為明顯。

人終其一生，不可能帶走自己的事功、財物和地位。無論你是亮極一時的明星，是權高位重的政治人物，是顯赫不可一世的財主或企業負責人，生命之戲一旦落幕，一切都成過去。不過，人的高貴德行卻是存在的，人的智慧與愛之性靈是長存的，人將用自己的光明，繼續走下去，那是光明之路，也是天堂之路。所以，人須能弘道，實踐高貴的德行，而非名利是圖，做出傷天害理的事來。

人的道德責任是生活幸福及心理健康的基礎。因為透過愛與責任，讓我們堅毅地去面對真實，清醒地活下去，並創造了幸福的生活。另一方面，道德責任促進了性靈的成長與開啟，讓自己參契存在的意義。

有一位中年婦人來向我敘述一生的不幸：她從小就失去母親，後母並不疼愛她。由於家境不好，所以國小畢業後就輟學打工。她自立自強，學習營生本領，後來成家，有了子女，但好景不常，先生過世，還是要自己獨撐生計大樑。在最近的經濟不景氣中，她的事業受到嚴重打擊。

「我的命運多舛；對人生萬念俱灰。」

「可是你克服了許多困難，學會了一身本領，又樂於助人，我覺得妳的人生是豐收的。」

「不，我很絕望，因為我一直都在受挫折。」

「人生如戲；每個人都在演一個角色，妳演的是苦旦的角色。在戲台上你演受苦的劇情，一把眼淚，一段辛酸；但下了戲台，大家都說妳的演技第一，是大明星。」

「誰會說我是大明星？我什麼時候會從苦難的戲台上下來，不再有痛苦？」

「人生結束時。阿彌陀佛和極樂聖眾將現在跟前，讚美妳這苦旦演出者是位大明星，成就非凡，而迎接妳往極樂世界，得人生正果。所以，妳要堅持下去，不要氣餒。」

「啊！我現在有些明白受苦的意義了。我不該起退心，要打起精神活下去。

「我看著她從傾訴、淨化，到全新的信念。

全新的人生觀，帶給她新的力量，帶來活下去的堅毅和勇氣，更能衍生人生的意義和希望。因此，每一個人注定要在他的生活中，不斷發現正確的勝解，建立生活的信念。這使一個人健康快樂地迎接新的挑戰。

一位喪子的年輕媽媽，陷入精神崩潰的狀況。她哭，她痛苦，無法抑制心中不斷湧現的悲傷和心疼。她坐在我的面前，只顧流淚和埋怨，她說：

「那麼好的孩子，為什麼上蒼要奪走他的寶貴生命。」

「不過，他已走了！」

「我信佛，每天修持，難道都保不住他的生命？你知道嗎？這孩子聰明、活潑、善良，一歲多就會念佛，為什麼佛不能保住他的生命呢？」她痛哭失聲。

透過傾訴和淨化的過程，心情平靜下來時，我開始協助她，透過她的信仰和基本信念，去建構一個全新的勝解，尋找遭遇的意義。我說：

「你學佛應該聽過四果中的斯陀含果吧？它叫什麼？」

「它是一來果。」

「這是已經修得差不多，還有一點餘習，再來一趟就完成圓滿的性德者。這樣的再來人，都表現得很善良，與佛有緣，但其壽命有長有短。有些年紀輕輕就超生，因為他已完成了全部性德。他的來臨只是跟你敘個緣，並告訴你人生很短，一剎那就過去，人生難得，要好好珍惜成長，用悲智雙運完成生命的圓融。」

「他回去了，我傷心。」

「是的，但妳要認清，他已完成了性德的圓熟，超升到極樂世界；妳是為他傷心呢？還是很莊嚴地認識這件事情，節哀順變，從中看出它的啟示呢？」她沉默了一下，拭去眼淚，然後抬起頭來看著我，點頭表示她的領會。我繼續說：

「妳的孩子留給妳無限的溫暖和懷念，要從積極面去想，要把它當做一種天賜，一項值得珍惜的福。不要用悲傷去看待它，要感恩你們的一段深情，更要明白往後妳必須獨自去完成生命的責任。妳堅強起來時，在天國的孩子也會感應而歡喜，得到會心的安慰。

「孩子受妳的愛，跟妳結了善緣。但他該回去了，卻也教妳如何看清生命的有限性和性靈的存在與成長之理。別用憂傷和失去愛子來看待它，要用更寬闊的愛和智慧去看待它。由於妳看出它的意義，妳的心靈就更具愛與光明。」

人要懂得在自己的生活和遭遇中尋找價值和意義，這能提升一個人受苦的能力，從而克服它，並從中得到心智成長的機會。從自己生活中看出價值和意義，看出光明和希望，便是智慧的表現。它的線索如次：

- 生命的意義是無限的，在自己當下生活中就能發現；它不是外來的，而是內省的。即使在痛苦中一樣可以找到意義。
- 透過宗教的信仰和實踐，能從教義中領受到活下去的智慧，得到安全、喜悅和幸福之感。
- 對挫折、不幸和痛苦的承擔，會使人因而堅強，從中孕育生命的活力和價值感。具備道德勇氣和信念的人，普遍生活得健康；道德本身源源不絕提供了光明的智慧，使人有能力克服種種衝突、引誘、不安和猶豫。

在諮商工作中，我發現人若有一個光明的意志，他的心理就健康。反之，若採取防衛和執著，就會陷入困境，看不出價值和意義。其實，一個人找到生命意義時，所綻放出來的生命力，不只是一種潛能，而是本真智慧和創意的流洩。它超越一般的意識觀念和思考，形成一種單純而偉大的光明性。

4 實現希望的智慧

你必須清楚自己的希望是什麼，把握它的合理性，朝著它做積極的回應和行動，才會獲得成功。對自己的希望保持真誠的態度，並應用創意去實現它。

能肯定自己的意願和希望，努力實現它，就是一種生活智慧。

人只要活著就有希望，它是生命現象的起點，也是心理生活的動力。人要懂得看清它、理清它、實現它，它是智慧的表現。

我們能維持健康、喜樂和豐足感，是由於我們有希望、目標和活力。有了它們，我們才有未來感，才不致迷失，才能改善生活，讓自己不寂寞。佛經上把欲列為達成如意足的因素之一，足見希望的重要性。

希望是與生俱來的心理現象，它是不容否定的。人在必要時可以修正它，做適當的調整，但不可以壓抑它，或摒棄它，否則會落空、蒼茫和完全的沮喪。我們對希望所做的壓抑，最通常的形式就是不真實。

當一個人不願意實現自己的目標，不肯維護自己的意見，或者不肯堅持他認為該堅持的立場時，這個人便失去了肯定自己的能力。這樣的人，當然也沒有勇氣維護自己的權益和道德責任，他的生活智慧變得蒼白，人生變得黯淡，缺乏生機。

在會心團體諮商中，有一位成員說：「我去理容院理髮，理完髮要付錢時，照照鏡子，才發現頭髮剪得一邊高一邊低。我很不滿意，希望能剪得好一些，但是我沒有爭取，只是一肚子火付了錢，邊走邊咕噥回家，整個晚上對太太抱怨這件事情，結果還跟太太吵了一架。」

另一位成員聽了，感同身受。他發現自己也有不能肯定自己希望的經驗：「天啊！這種經驗我常有，所以常常陷於紛擾。你的經驗還不夠糟呢！」他情緒有些激動地說了更生動的經驗，他說：

「幾年前我搬新家，請了一個室內裝潢的包商來為我們設計、裝潢和施工。花了半個月，工程完成後，我認為櫥櫃的顏色和牆的顏色不協調，我希望包商能重新粉刷過；但是我沒有堅持我的希望，就在不滿意中驗收付款了。

「從那一天開始，我常常抱怨包商是笨蛋，埋怨他們不盡責，沒有良心。朋友來家裡作客，也會抱怨一番。太太覺得我囉嗦，說我不該在朋友面前抱怨，她說『朋友來作客，不是來聽抱怨的』。於是，我們為那面牆的顏色，常常鬧得不愉快。最後我索性不說，卻跟太太鬧冷戰。

「你知道嗎？我們為這斯小事，不愉快了一年多。太太覺得煩了，就找來原來那家公司，把它重新粉刷了一遍。只花了一點錢就解決。啊！不正視希望的後果就是愚蠢。

「你知道嗎？我好像有這種對希望不真誠的惡習。也許個中還帶有一種不能堅持去實現希望的勇氣。我容易退卻、棄守和自我放棄，然後我抱怨、憤怒、心中不爽。這種事發生在買東西、教育子女、夫妻的相處等等事務上，從而產生困擾和衝突。」

人能肯定自己的希望，才能讓合理的希望得到實現。你得先表示自己的期待，再與別人溝通協調，形成一個可行的目標，以之做為希望，那麼其可行性方可獲致保證。當希望實現時，會有著滿足和成功的感覺。那時的心境就得到平衡，不會變成抱怨或自覺委屈。

我做了上述簡單的解釋，幫助團體成員有效分享彼此的處世經驗。於是又把問題丟回他們：「還有誰有類似的經驗，說出來大家分享？」另一位成員說：「

我也常玩事與願違的把戲。比如說，我對念國中的兒子怒斥：『我對你絕望，給我滾出去。』他離家出走，我又急切地想念他，希望他早早回家。類似的狀況重複上演，他在外頭不回家的日子也就拉長。我想念他，為他好，可是一看到他就罵他。」話說到這裡，他哭了，表情現出無奈和自責。在場的伙伴回應：

「你何不告訴他，你多麼想念他和愛他，好好勸他改進？」

「沒有辦法，」他悽然噙淚接著說：「我說不出來，因為他的行徑很令我傷心，態度惡劣得令我發火。明明知道處理方式悖離我的希望，但當時就是控制不住。」另一位伙伴則說：

「我們在處理事情時，常常忘了自己的真正希望。不，或許應該說，當希望受到挫折時，有一種情緒性反應，讓我們脫離真實；這時的反應，即非真正的希望，也非愛子女成器的情感。在那一剎那之間，我把希望給壓抑下去了。」

這樣的討論，讓他們有機會真誠地分享處世的經驗。他們反省覺察某些行為的盲點，開始看到問題的真相，而陷入短暫的沉默。接著，一位女士說：

「我很希望老公能早點回家，不要在外頭逗留得太晚。我曾表明心意，但他還是晚歸。我以不收拾家務來抗議，大聲責備孩子來發洩，他回家來時便跟他賭氣不說話。我們互相交惡，陷入冷戰，婚姻也陷入危機。

「後來，我們找專家進行婚姻諮商。諮商者反覆地問我，你真正的希望是什麼？你要的是什麼？你做了些什麼？你做的事能讓你達成目的嗎？透過這樣的對話我不斷檢討，發現我做的事不是在實現我的希望，而是不忠於我的希望。

「我很快就明白，必須改弦易轍，真實地抓住自己的希望和目標。我們一起進行諮商協談，彼此做了一些積極性的回應，共同去實現幸福家庭的願望。我們最大的心得是把握目標，常常告訴自己，不許用負面行為去面對挫折，而是積極地思考如何溝通、了解、互助，才能實現健全婚姻的希望。」

不錯，人要對自己的希望真實。你想要在生涯上有成就，在日常生活中實現預期的目標，就不能找藉口逃避。人要忠實於自己的希望和目標，培養肯定自己的態度。這能使自己堅強起來，發揮創意和潛能。它的要訣是：

- 要有勇氣表達自己的意見、感受和希望；表達的方式要堅定、有禮貌，態度要誠懇。
- 能夠婉拒違背意願、行事原則和道德信念的要求。

● 語言和態度必須堅定清楚，但要避免衝動、指責和批評。
● 要避免猶豫不決，讓最好表示意見的時機流逝；也要注意不在不當的時機表示意見。
● 對自己的決定，要有堅定信心去實踐；只有面對現實才能走出希望之路。

逃避現實的人，往往會採取一些心理症狀當藉口，那麼希望就泡湯了。你希望子女進步向學，就不能以發脾氣來回應，而是思考如何協助他們成長和發展，你的希望才會實現。在婚姻、人際關係、身心健康等各方面也一樣，你必須清楚自己的希望是什麼，把握它的合理性，朝著它做積極的回應和行動，才會獲得成功。所以人必須對自己的希望保持真誠的態度，並應用創意去實現它。

成功的人生是先將自己的希望澄清，懷抱它、肯定它，再設法去實現它，這能引發生命智慧與創意的開展。別把希望看成一種負擔，而要把它看成一種生命的自然表現與享受。

5

活下去的真諦

生命世界是一個無限的舞台，如果你執迷於生命中的情與欲，就像癡迷的玩客，流浪而不知返。能體認這個生命的有限性，曲終要安寧歡喜知返。

生命的本身，伴著與生俱來的動力，那就是活下去，而且要活得有意義。正因為如此，生命的活動與表現，總離不開目標。我一直認為，人想要活得好，就得了解自己的目標；透過它來表現價值，得到滿足和喜悅。這就是生命智慧的崇高表現。

我們要活下去，維持生命是基本的目標；你需要食物、溫暖、禦寒、安全、愛情、自尊和社會支持，也需要金錢、地位、尊榮和信仰，這些都是很現實的條件。你無需隱瞞和道學，任何人和這些基本欲求都脫離不了關係。所以我們能做的是安靜下來，想想應該用什麼樣的態度來面對這些基本需要和欲求。

我們因為要活下去，要活得多采多姿，有豐富感，所以要努力去實現生命，從中得到喜悅和創造的滿足感。不過，我們必須認清，生命一旦結束，所扮演的這齣戲也就結束。我們不得不說：人生有如一齣戲，我會心甘情願地扮好自己的角色，這是生命的任務。我也知道：在生命圓熟時，我將回到祂的國度。所以，你無可逃避，必須努力工作，正當的做人；除了求個溫飽之外，要創造彼此的愛、自尊和喜悅。當然，也必須清楚，曲終人散之際，你應該回到極樂世界或天國，安詳地與天眾們閒聊你演了齣不錯的戲碼。也許你很辛苦，但苦且輕鬆，因為你已然回到自己的老家，絲毫沒有損失。也許你演的是一文不名的小角色，你應該樂得的角色總是需要大牌的明星來演。也許你演的是領導人，地位高、威望大，但下了戲台子，眾生彼此還是平等。所以《中觀論》上說：

因緣所生法，
我說即是空，
亦名為假名，
亦是中道義。

談到這裡，又不得不體認：生命世界是一個無限的舞台，如果你執迷於生命中的情與欲，瘋狂地演下去，就像癡迷的玩客，流浪而不知返。如果你能體認這個生命的有限性，那麼就得好好地演它，曲終要安寧歡喜知返。

造化賦予我們生命，是要我們透過生命的活動而學習、成長和進化，完成心靈的圓融；它是智慧和慈悲，是創造和慈愛。生命發展的最終意涵就是這個。它是最高層次的欲，是超越生命現象的光明或希望。

於是，無論你的遭遇如何，它總是心靈成長的憑藉；人的受苦和挫敗，正是牽引自己克服障礙、發展智慧和慈悲的關鍵。人所面對的正是他來人間，必須去回答的問題。所以，無需抱怨自己的不幸，要心甘情願去努力、去克服，從中走出光明的路。一位喪偶的婦人，貧病交迫，子女年幼，生活頓陷困境。她悲傷沮喪地說：

「為什麼日子會這麼悲慘，我實在活不下去了。」她痛哭失聲。我了解她的處境，對她說：

「妳不是說，已經有民間團體正在協助妳嗎？」

「靠別人接濟也是一種痛苦，我真歹命。」

「妳是一位虔誠的佛弟子，我知道妳一定能站得起來。妳可體認到現在的遭遇，正是妳來人間走一趟，必須學習的課題嗎？我看妳那般虔誠，念佛不輟，像是來人間修果位的行者，現在要透過新的遭遇，修習圓融的智慧和慈悲。你要看清它的本質。」我一談到宗教與修行，談到心靈的成長，她開始鎮定起來。我接著說：

「妳那麼讚嘆先生，因為他是如此的善良、如此的虔誠；在妳的陳述中，你們像是再來人，是來修『一來果』的。現在，他修畢課程，必須先行往生。妳是為他痛苦呢？還是為他居喪，堅強地把孩子帶大呢？」

「這我是願意的；只是我很茫然、無助、孤單又生病。」她憂苦地說。

「妳會繼續修行、實踐佛的教導嗎？」

「當然，我願意！」她坐直並拭乾眼淚。

「妳現在的功課，就是學習經上所說的承擔。我們都會支持妳，設法幫忙找個工作，就能維持生計。妳要從自己的遭遇中，開展更多智慧和慈悲，成就圓融的般若智慧；妳先生在極樂世界，必定會欣然讚嘆！佛菩薩也會讚嘆、護法。

「妳現在的痛苦和遭遇，要把它看做累世餘習，是妳現在正要克服的功課。能看清它的意義和本質，就不會退卻和不安。然後妳會發現，它正是妳成就人生的必然磨練，也是妳今生完成佛道的主要課程。」她專心地聽著，點頭表示接受和了解。

經過一番交談，我看到她漸漸挺起身子，不再彎腰駝背，顏面泛著堅定信心的表情。我知道，人的最高精神防線，是正確崇高的宗教信仰。人若能建立與本體世界相關聯的信念，就能從中流瀉出光與滋潤的清泉，走在荒漠則不再孤單，面對乾旱也不怕沒有泉水。

每一個生命，都是唯一獨特的因緣；有其殊異的考驗，不同的磨練，當然也就有不同的喜樂和圓融之路。它的重點是真實、不造作，去面對它的現實，並用智慧與慈悲去開拓與建構，令其發皇絢爛。

你如果是一位工人，請不要以地位卑微來看待自己。因為它是你實現生命意義的方式；你奉獻得多，能忍受的磨練就比別人強。不管別人怎麼看待你，你要保持信心，維持在現實中承擔、成長和喜悅，這本身就是心靈的進化，是生命的價值所在。

如果你是一位小職員，每天忙碌，受別人頤指氣使，請不要難過氣餒。要保持認真的態度，這才能令內心安寧，有智慧和毅力去實現你的人生。人越是不喜歡自己，就顯得嚴重的頹廢；越是懂得在現實中成長，就越能擺脫壞心情，而有餘力做生活的創造。

別拿自己跟別人比，那會扭曲你的生活本質；要依照自己的因緣和本質，努力去創造，去開展智慧和慈悲的花朵。你要注意，有創意的塑造藝師，不因為他手中擁有的是泥土或金子，他們總會用創意，塑出栩栩如生的藝術品。人要活得好，就得對自己的生涯和生活，賦予價值；而不是冀求添加自己的享受，享受多了，形成依賴，就需要更多的享受；更不能逃避痛苦，逃避一旦成習，就會變得空虛。

你需要以全新的智慧去面對這有苦有樂的人生。它的線索是：

- 把心靈的圓熟當目的，那麼苦與樂、順境和逆境，都會成為精神成長的資糧，都變得有意義。
- 每個人的生涯都有絢爛的價值。它是特殊的、個別的，不能拿來跟別人比較；比較會令人失去承擔的勇氣和歡喜。
- 在不同的價值領域裡，存在著自己際遇的嶄新價值；生之於此，得之於彼，仔細去領會，必有一番新發現，禪家所謂「從垃圾堆中找到了明珠」是真實的。

● 人生不因為財富、地位、學歷的差別而影響生命的歡喜。歡喜的心情源自比較，放下比較的心態，去為生命歡呼，窮困之人一樣有歡笑。

人生是一個學習愛與智慧的歷程，它的關鍵不在於你擁有什麼，而是你的心靈變成了什麼。在這短短的生命歷程中，你是什麼，擁有什麼，這些並不重要。真正重要的是自己的心是否從不安、敵意、卑怯和無知中解脫出來，步向悲智雙運的生活之路。因為在這條路上行走的人，他們必然得到生命的實現、喜樂和幸福。